这幅具有日本风情的盛开的杏花是凡·高专门为刚出世的侄子而作，送给他装点卧室。

目录

上图：《夕照下的松林》，1889 年末作于圣雷米。

对页图：凡·高在巴黎时画的一幅自画像。

导言

凡·高的艺术生涯从27岁那年开始，起步不早。他在这条艺术之路上，以自学为主，自己读书看画册，或是与其他画家交谈探讨。而他早年曾在艺廊受过艺术经纪人方面的训练，也曾短暂痴迷于宗教，又终身热爱文学，这一切都对他的作品影响深远。凡·高擅长多门语言，凡是过目的画作细节都能记得清清楚楚，阅读积累也很丰富。他偏爱乡野之趣，但也知道，作品若要得到关注，那么和城里的艺术家、经纪人的接触就必不可少，特别是巴黎圈子里那些人。在整个艺术生涯中，凡·高始终保持着高强度创作，常常利用某些特定主题或多组作品去探索一个创意或艺术观念。田园风光与平素邂逅的人物是凡·高不竭的灵感来源，但当他作画来表现生活所见时，总是带着特定的创作理念。

对一般大众而言，凡·高生平的点点滴滴，总不免被那几桩充满戏剧色彩的著名事件所遮蔽。1888年底，凡·高因为精神崩溃割下左耳，住进精神病疗养院长达一年，在1890年的夏天自杀。这些情境多少被戏剧化了，于是在公众的想象里，发疯的天才凡·高被幽闭在疯人院，从而创作出了那些极具情感张力的画作。而这种看法致使人们低估了凡·高作品的深度与严肃性，并且忽视了凡·高与当时艺术界人士的种种联系，以及他对现代主义艺术的扎实投入。凡·高毕生的创作不但致力于反映他所处的现代世界，也试图超越他的时代而影响后世。特别是在1886年搬去法国后，他与大批先锋艺术家结交，却又自成一派，创造出了独具个人风格的一系列作品。用色别致，画风鲜明，凡·高作品的新意在那个年代是革命性的，且广泛影响了接下来20世纪的艺术。后来随着凡·高大量信件的出版面世，他的艺术手法渐渐为人所知，也使我们对他的工作方式、个人经历和画作有了更深的见解。

本书探索了凡·高的艺术理念及其作品的中心主题，借此来呈现其人其画，以飨有意一览凡·高艺术丰富性的读者。

科妮莉亚·洪堡（Cornelia Homburg）

右图：这幅作于1887年的静物画连画框都上了黄色，是凡·高赠予弟弟提奥的礼物。

对页图：1889年春天，将要离开阿尔勒的凡·高画了这条大道，路两边是花开繁茂的栗子树。

序曲

到了 27 岁，凡·高才下决心做一名画家。而且最初他这份决心也不很坚定，因为早前事业上的几次尝试无一顺遂。1853 年 3 月 30 日凡·高出生，他是安娜·科妮莉亚·卡本特斯（Anna Cornelia Carbentus）和特奥多鲁斯·凡·高（Theodorus van Gogh）夫妇六个孩子中的长子，父亲特奥多鲁斯·凡·高是荷兰归正会的牧师。15 岁时，家里安排凡·高去叔叔文森特·凡·高（Vincent van Gogh）在海牙的公司当艺术经纪人学徒，这家公司是巴黎声望卓著的古比尔画廊（Goupil & Cie）位于海牙的分部。少年凡·高热切地想要学习这门行当以及与艺术相关的一切，他走遍博物馆，看各式展览，读艺术类杂志，也开始收藏名作的复制品。凡·高逐渐懂得了 17 世纪荷兰艺术与当代海牙画派的重要性，也熟悉了 19 世纪那批著名的法国艺术家。这一切都很顺利，不久公司把凡·高调去了伦敦（1873 年），随后又派往巴黎（1875 年）。

从那段时间的往来信件可知，凡·高对于宗教话题兴趣日增，写信时常大量引用《圣经》和一些说教言辞。工作上也渐渐不如以前投入，因此 1876 年初就被辞退了。凡·高想要寻求事业上的转向，便在英格兰找了份助教的工作，先在肯特郡的拉姆斯盖特（Ramsgate），后又辗转到了伦敦附近的艾尔沃思（Isleworth）。在艾尔沃思，凡·高很快加入了托马斯·斯莱德–琼斯牧师（Reverend Thomas Slade-Jones）的学校，这位牧师还让凡·高积极参与自己教堂里的事务。凡·高在主日学校任教，几个月后得以第一次给教众布道。得到这次机会，凡·高激动万分，甚至在写给弟弟提奥的信中原原本本抄录了那份长长的布道辞。虽然换了工作，但凡·高对艺术的兴趣不减，甚至在那份布道辞里还提到了自己崇拜的英国画家乔治·亨利·鲍顿（George Henry Boughton）的画作《一路顺风！往坎特伯雷去的朝圣者们》（*Godspeed!*）。他还照旧去博物馆，照旧同从前做艺术经纪人时结识的朋友来往，照旧收藏画作。

大概由于在英格兰收入微薄，1877 年初凡·高回到祖国荷兰，到西南部城市多德雷赫特（Dordrecht）的一家书店打工。然而这份

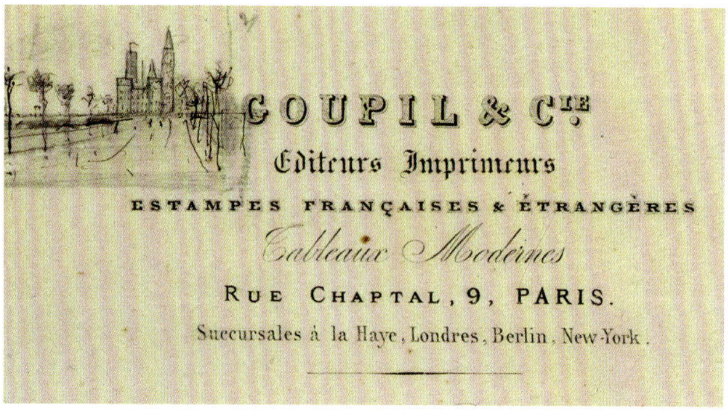

顶图：凡·高 16 岁在海牙做艺术经纪人学徒时的照片。

上图：一封凡·高给提奥的信，写在古比尔画廊的抬头信纸上。他在信纸上画了小幅伦敦素描，因为那时画廊正出售德·尼蒂斯（de Nittis）的一幅画作。

左图：凡·高青少年时代画的一幅海牙街景素描，取景地离他工作的画廊不远。

古比尔画廊 COUPIL&CIE

古比尔画廊在19世纪的巴黎声名显赫。这家画廊专卖名作复制品，在欧洲好几个主要城市都设有分部。19世纪60年代，画廊主人与在海牙经营艺术生意的文森特·凡·高（提奥和凡·高的叔叔）合伙。提奥与凡·高两兄弟的职业生涯都是从这家画廊开始的。他们的“森特”叔叔在1878年退休。到了1884年，画廊易主，更名为“布萨德和瓦拉东画廊”。

工作也没能长久，因为他的全部精力仍放在《圣经》上，并且坦露了继承父业成为牧师的想法。再后来，凡·高搬去阿姆斯特丹准备大学入学考试，但在象牙塔一连几年研读神学的前景实在令人生畏，因此他很快放弃，转而去布鲁塞尔附近的一所学校参加为期三个月的传教培训。可就连培训学校的课程凡·高也没通过。尽管如此，他仍然只身前往比利时南部法语区，到了贫穷的矿区博里纳日（Borinage）。在这儿，他受聘在煤矿工人中布道传教半年。这半年里凡·高把自己的宗教信仰发挥到了极致，他甚至散尽财物，与矿工一同穷困度日。但他的上级却不为所动，到1879年夏，凡·高的合同终止，没能续约。

又独立工作一阵后，凡·高变得心灰意懒。形单影只、前路暗淡的他感到未来无望，不知去往何处，宗教热忱也似乎褪去了大半。沉寂良久后，凡·高从1880年起又与提奥恢复了通信，此时信里不再充斥着宗教式的引用，而是告诉弟弟自己在博里纳日画矿工和乡间景致。凡·高从没想过要朝艺术方面发展，只在信里说自己渴望这片“美术天地”。而提奥则提议，哥哥或许可以成为画家。摇摆许久后凡·高决定试一试，这是他人生最后的也是最重要的一份事业。

提奥·凡·高 THEO VAN GOGH

提奥比凡·高小4岁，1873年时也和哥哥一样到海牙的画廊学做艺术经纪人。1879年末，提奥调到巴黎，后来成为古比尔画廊蒙马特尔（Montmartre）分部的经理。经济状况稳定后，提奥开始资助哥哥，使凡·高能心无旁骛地追逐艺术梦想。兄弟俩很早就开始通信，提奥保留了凡·高大部分的来信，这些信件使我们得以洞悉凡·高的人生与艺术。

对页图：凡·高早期画的博里纳日的矿工，那时他刚立志成为画家。从这幅素描可见，当时的凡·高并不擅长表现人物。

下图：1880—1882年间的博里纳日矿区，出自比利时画家默尼耶（C.Meunier）之手。

凡·高的出生登记

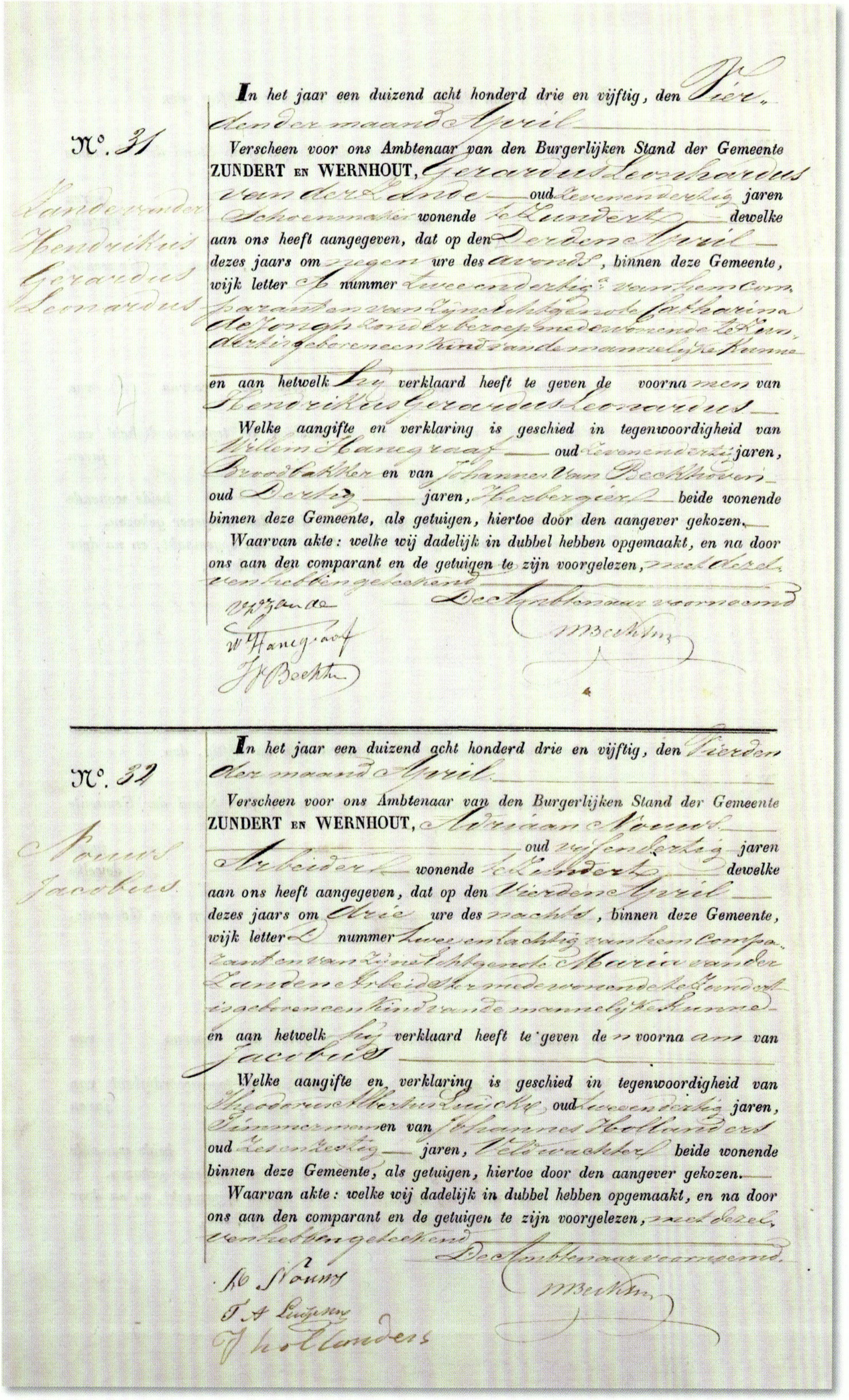
No. 31

Lande van der Hendrikus Gerardus Leonardus

In het jaar een duizend acht honderd drie en vijftig, den Vierden der maand April

Verscheen voor ons Ambtenaar van den Burgerlijken Stand der Gemeente ZUNDERT EN WERNHOUT, Gerardus Leonhardus van der Lande oud zevenendertig jaren Schoenmaker wonende te Zundert dewelke aan ons heeft aangegeven, dat op den Derden April dezes jaars om negen ure des avonds, binnen deze Gemeente, wijk letter A nummer Tweeendertig van hem comparant en van zijne echtgenoote Catharina de Jongh zonder beroep mede wonende te Zundert is geboren een kind van de mannelijke kunne en aan hetwelk hij verklaard heeft te geven de voornamen van Hendrikus Gerardus Leonardus

Welke aangifte en verklaring is geschied in tegenwoordigheid van Willem Hanegraaf oud zevenendertig jaren, Broodbakker en van Johannes van Beckhoven oud Dertig jaren, Herbergier beide wonende binnen deze Gemeente, als getuigen, hiertoe door den aangever gekozen.

Waarvan akte: welke wij dadelijk in dubbel hebben opgemaakt, en na door ons aan den comparant en de getuigen te zijn voorgelezen, met deze(n) onderteekend

De Ambtenaar voornoemd

No. 32

Nouws Jacobus

In het jaar een duizend acht honderd drie en vijftig, den Vierden der maand April

Verscheen voor ons Ambtenaar van den Burgerlijken Stand der Gemeente ZUNDERT EN WERNHOUT, Adriaan Nouws oud vijfendertig jaren Arbeider wonende te Zundert dewelke aan ons heeft aangegeven, dat op den Vierden April dezes jaars om drie ure des nachts, binnen deze Gemeente, wijk letter D nummer tweeentachtig van hem comparant en van zijne echtgenoote Maria van der Zanden Arbeidster mede wonende te Zundert is geboren een kind van de mannelijke kunne en aan hetwelk hij verklaard heeft te geven den voornaam van Jacobus

Welke aangifte en verklaring is geschied in tegenwoordigheid van Theodorus Albertus Luijckx oud tweeendertig jaren, Timmerman en van Johannes Hollanders oud zesenzestig jaren, Veldwachter beide wonende binnen deze Gemeente, als getuigen, hiertoe door den aangever gekozen.

Waarvan akte: welke wij dadelijk in dubbel hebben opgemaakt, en na door ons aan den comparant en de getuigen te zijn voorgelezen, met dezen onderteekend

De Ambtenaar voornoemd

兹证明，津德尔特居民特奥多鲁斯·凡·高牧师于1853年3月31日至津德尔特及韦恩豪特两镇的户籍登记处，通报其与妻子安娜·科妮莉亚·卡本特斯于今年3月30日上午11点在本行政地区诞下一名男婴，取教名为文森特·威廉。通知人作出此通知与声明时有两位见证人在场，见证人系通知人为该目的挑选的两位本地居民，即现年42岁的公务员雅各布斯·扬·费尔曼先生和现年38岁的医生科内利斯·凡·欣内肯先生。即刻出具正式通告一式两份，向通知人和见证人宣读。通知人和见证人已于通告上签名。

左图：凡·高出生后登记在荷兰南部的津德尔特。1853年，凡·高一家居住在该地。

抄诗簿子

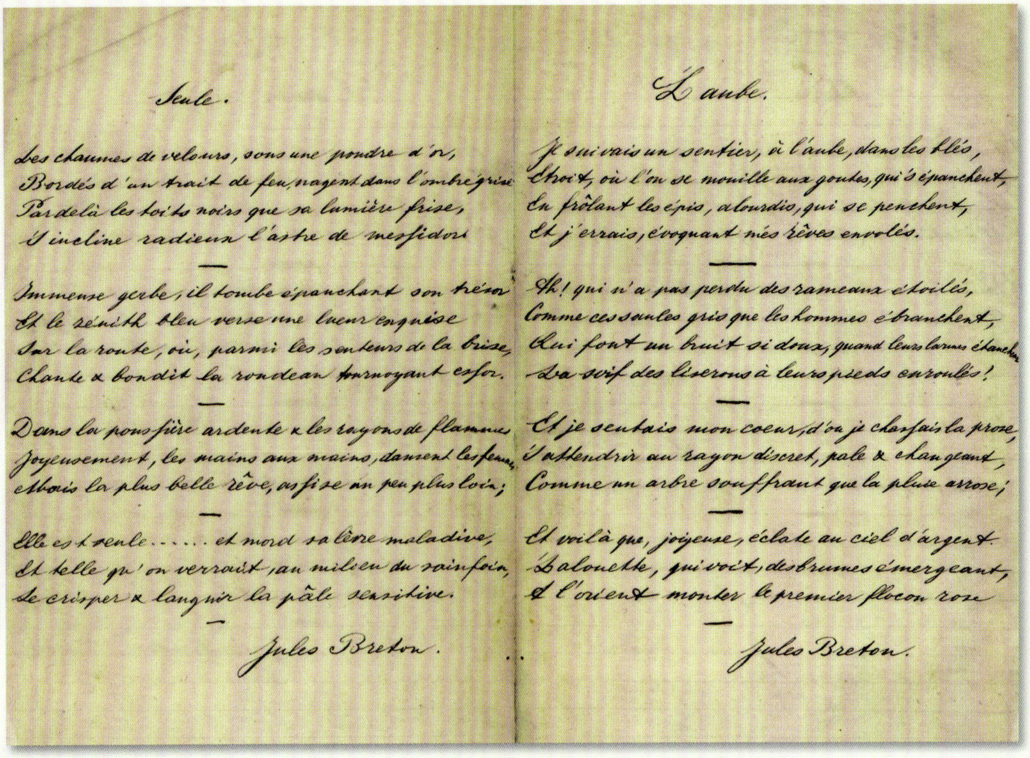

Seule.

Les chaumes de velours, sous une poudre d'or,
Bordés d'un trait de feu, nagent dans l'ombre grise
Par delà les toits noirs que sa lumière frise,
S'incline radieux l'astre de messidor.

—

Immense gerbe, il tombe épanchant son trésor
Et le zénith bleu verse une lueur exquise
Sur la route, où, parmi les senteurs de la brise,
Chante & bondit la rondeau tournoyant essor.

—

Dans la poussière ardente & les rayons de flamme
Joyeusement, les mains aux mains, dansent les femmes
Mais la plus belle rêve, assise un peu plus loin;

—

Elle est seule...... et mord sa lèvre maladive,
Et telle qu'on verrait, au milieu du sainfoin,
Se crisper & languir la pâle sensitive.

—

Jules Breton.

L'aube.

Je suivais un sentier, à l'aube, dans les blés,
Étroit, où l'on se mouille aux gouttes, qui s'épanchent,
En frôlant les épis, alourdis, qui se penchent,
Et j'errais, évoquant mes rêves envolés.

—

Ah! qui n'a pas perdu des rameaux étoilés,
Comme ces saules gris que les hommes ébranchent,
Qui font un bruit si doux, quand leurs larmes étanchent
La soif des liserons à leurs pieds enroulés!

—

Et je sentais mon coeur, d'où je chassais la prose,
S'attendrir au rayon discret, pâle & changeant,
Comme un arbre souffrant que la pluie arrose;

—

Et voilà que, joyeuse, éclate au ciel d'argent
L'alouette, qui voit, des brumes émergeant,
A l'orient monter le premier flocon rose

—

Jules Breton.

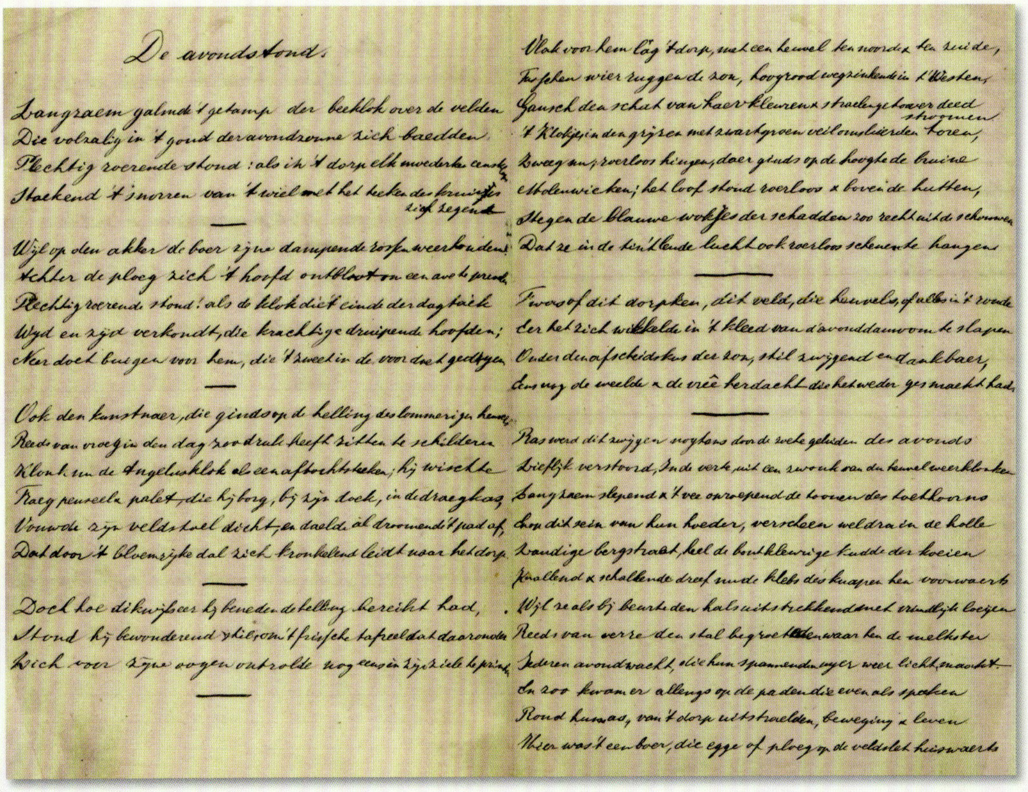

De avondstond.

Langzaem galmde 't getamp der beeklok over de velden
Die volzalig in 't goud der avondzonne zich baedden.
Plechtig roerende stond: als in 't dorp elk moederke eensklaps
Stakend 't snorren van 't wiel met het teeken des kruises zich zegende

—

Wijl op den akker de boer zijne dampende rossen weerhoudend
Achter de ploeg zich 't hoofd ontbloot en een ave te prevelen
Plechtig roerende stond! als de klok dit 't einde der dagtaek
Wijd en zijd verkondt, die krachtige druipende hoofden;
Neer doet buigen voor hem, die 't zweet in de voor doet gedijen

—

Ook den kunstnaer, die ginds op de helling des lommerijken heuvels
Reeds van vroeg in den dag zoo druk heeft zitten te schilderen
Klonk nu de Angelusklok als een aftochtsteeken; hij wischte
Traeg penseelen palet, die hij borg, bij zijn doek, in de draegkas,
Vouwde zijn veldstoel dicht, en daalde al droomend 't pad af,
Dat door 't bloemrijke dal zich kronkelend leidt naar het dorp.

—

Doch hoe dikwijls eer hij beneden de helling bereikt had,
Stond hij bewonderend stil, om 't frissche tafreel dat daaronder
Zich voor zijne oogen ontrolde nog eens in zijn ziele te prenten

—

Vlak voor hem lag 't dorp, met een heuvel ten noorden ten zuide,
Tusschen wier ruggen de zon, hoogrood wegzinkend in 't Westen,
Gansch den schat van haer kleuren & straelengetoover deed stroomen
't Klokje in den grijzen met zwartgroen veil omslierden toren,
Zweeg nu; roerloos hingen, daer ginds op de hoogte de bruine
Molenwieken; het loof stond roerloos & boven de hutten,
Stegen de blauwe wolkjes der schadden zoo recht uit de schouwen
Dat ze in de tintelende lucht ook roerloos scheenen te hangen

—

'T was of dit dorpken, dit veld, die heuvels, of alles in 't ronde
Eer het zich wikkelde in 't kleed van d'avonddamp om te slapen
Onder den afscheidskus der zon, stil zwijgend en dankbaer,
Eens nog de weelde & de vreê herdacht die het weder gesmaekt had.

—

Ras werd dit zwijgen nogtans door de zoete geluiden des avonds
Lieflijk verstoord, In de verte, uit een zwenk van den heuvel weerklonken
Langzaem slepend & 't vee oproepend de toonen der toethoorns
Op dit sein van hun hoeder, verscheen weldra in de holle
Zandige bergstraat, heel de bontkleurige kudde der koeien
Knallend & schallende dreef nu de klets des knapen hen voorwaerts
Wijl ze als bij beurte den hals uitstrekkend met vriendlijk loeijen
Reeds van verre den stal begroetten waar hen de melkster
Iederen avond wacht, die hun spannenden uyer weer licht maekt.
En zoo kwamer allengs op de paden die even als spaken
Rond hun as, van 't dorp uitstraelden, beweging & leven
Hier was 't een boer, die egge of ploeg op de veldslede huiswaerts

左图：凡·高抄诗曾抄满过好几个笔记本。此处几页来自他为弟弟提奥抄写的那个诗歌本。

凡·高写给弟弟提奥的信，1876 年

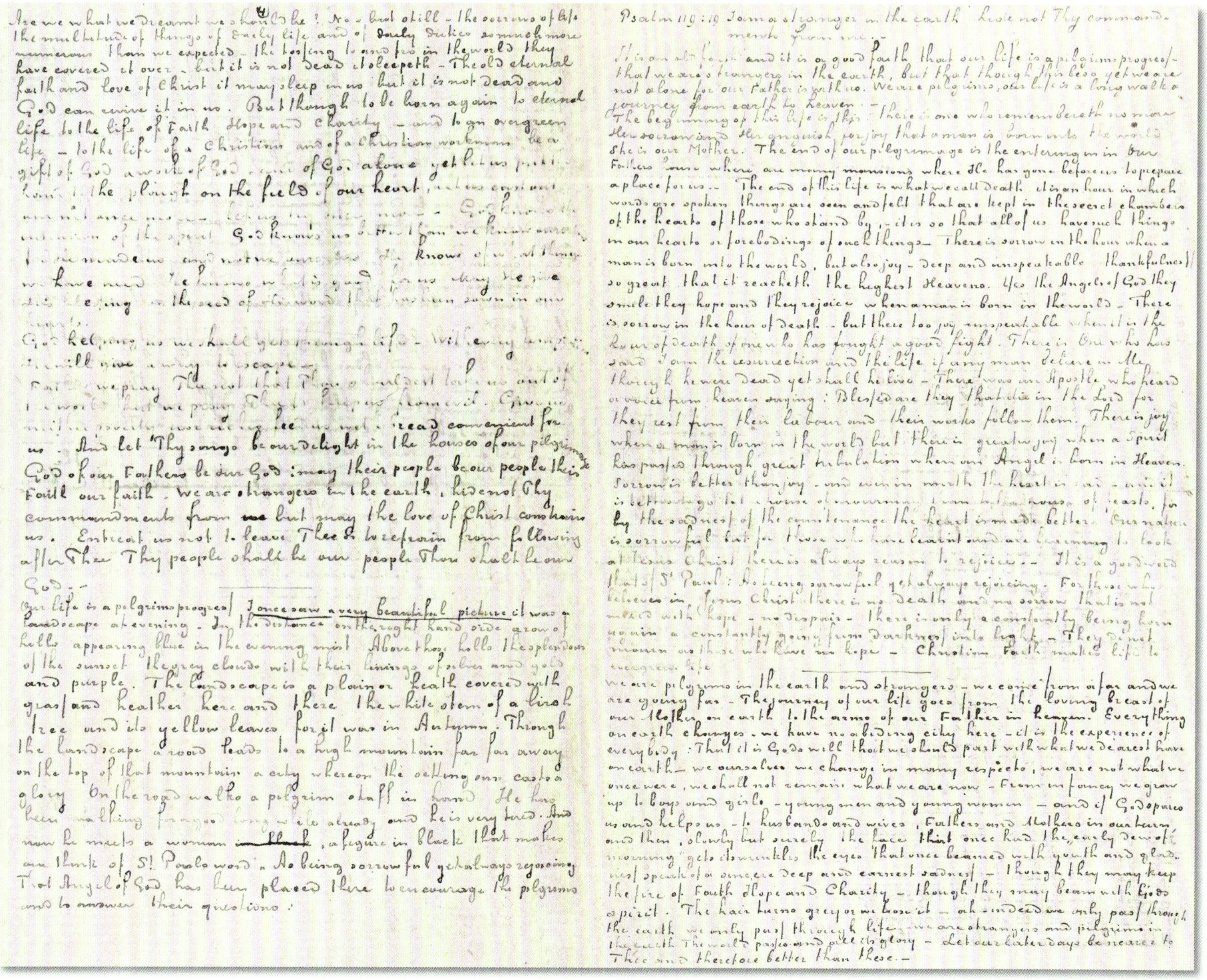

Are we what we dreamt we should be? No — but still — the sorrows of life the multitude of things of daily life and of daily duties so much more numerous than we expected — the tossing to and fro in the world they have covered it over — but it is not dead it sleepeth — The old eternal faith and love of Christ it may sleep in us but it is not dead and God can revive it in us. But though to be born again to eternal life to the life of Faith Hope and Charity — and to an evergreen life — to the life of a Christian and of a Christian workman be a gift of God a work of God [illegible] of God alone yet let us put [illegible] to the plough on the field of our heart, [illegible] [illegible] — God knoweth [illegible] of the spirit God knows us better than we know [illegible] [illegible] He knows of what things we have need He knows what is good for us may He give His blessing on the seed of His word that has been sown in our hearts.

God helping us we shall get through life — With every temptation He will give a way to escape —

Father we pray Thee not that Thou shouldest take us out of the world but we pray Thee to keep us from evil. Give us neither poverty nor riches feed us with bread convenient for us. And let Thy songs be our delight in the houses of our pilgrimage. God of our Fathers be our God: may their people be our people their Faith our faith. We are strangers in the earth, hide not Thy commandments from ~~we~~ but may the love of Christ constrain us. Entreat us not to leave Thee or to refrain from following after Thee Thy people shall be our people Thou shalt be our God. —

Our life is a pilgrims progress. I once saw a very beautiful picture it was a landscape at evening. In the distance on the right hand side a row of hills appearing blue in the evening mist. Above those hills the splendour of the sunset the grey clouds with their linings of silver and gold and purple. The landscape is a plain or heath covered with grass and heather here and there the white stem of a birch tree and its yellow leaves for it was in Autumn. Through the landscape a road leads to a high mountain far far away on the top of that mountain a city whereon the setting sun casts a glory. On the road walks a pilgrim staff in hand. He has been walking for a good long while already and he is very tired. And now he meets a woman, a figure in black that makes one think of St. Pauls word: As being sorrowful yet always rejoicing. That Angel of God has been placed there to encourage the pilgrims and to answer their questions:

Psalm 119:19 I am a stranger in the earth hide not Thy commandments from me. —

It is an old [illegible] and it is a good faith that our life is a pilgrims progress — that we are strangers in the earth, but that though this be so yet we are not alone for our Father is with us. We are pilgrims, our life is a long walk a journey from earth to heaven. —

The beginning of this life is this: There is one who remembereth no more her sorrow and her anguish for joy that a man is born into the world. She is our Mother. The end of our pilgrimage is the entering in in Our Fathers house where are many mansions where He has gone before us to prepare a place for us. — The end of this life is what we call death it is an hour in which words are spoken things are seen and felt that are kept in the secret chambers of the hearts of those who stand by, — it is so that all of us have such things in our hearts or forebodings of such things — There is sorrow in the hour when a man is born into the world, but also joy — deep and unspeakable thankfulness so great that it reacheth the highest Heavens. Yes the Angels of God they smile they hope and they rejoice when a man is born in the world — There is sorrow in the hour of death — but there too joy unspeakable when it is the hour of death of one who has fought a good fight. There is One who has said I am the resurrection and the life if any man believe in Me though he were dead yet shall he live — There was an Apostle who heard a voice from heaven saying: Blessed are they that die in the Lord for they rest from their labour and their works follow them. There is joy when a man is born in the world but there is greater joy when a Spirit has passed through great tribulation when an Angel is born in Heaven. Sorrow is better than joy — and even in mirth the heart is sad — and it is better to go to the house of mourning than to the house of feasts, for by the sadness of the countenance the heart is made better. Our nature is sorrowful but for those who have learnt and are learning to look at Jesus Christ there is always reason to rejoice. — It is a good word that of St. Paul: As being sorrowful yet always rejoicing. For those who believe in Jesus Christ there is no death and no sorrow that is not mixed with hope — no despair — there is only a constantly being born again a constantly going from darkness into light. — They do not mourn as those who have no hope — Christian Faith makes life to evergreen life.

We are pilgrims in the earth and strangers — we come from afar and we are going far — The journey of our life goes from the loving breast of our Mother on earth to the arms of our Father in heaven. Everything on earth changes — we have no abiding city here — it is the experience of everybody: That it is Gods will that we should part with what we dearest have on earth — we ourselves we change in many respects, we are not what we once were, we shall not remain what we are now — From infancy we grow up to boys and girls — young men and young women — and if God spares us and helps us — to husbands and wives, Fathers and Mothers in our turn, and then, slowly but surely the face that once had the early dew of morning gets its wrinkles the eyes that once beamed with youth and gladness speak of a sincere deep and earnest sadness — though they may keep the fire of Faith Hope and Charity — though they may beam with Gods spirit. The hair turns grey or we lose it — ah — indeed we only pass through the earth we only pass through life — we are strangers and pilgrims in the earth. The world passes and all its glory — Let our later days be nearer to Thee and therefore better than these. —

再次，在想象里和你握一下手。昨天傍晚我去了特汉姆公园的教堂替琼斯牧师布道，因为他身体不太舒服。与我一起步行去教堂的年龄最大的小伙子才 17 岁，个头已经和我一样高，还留着胡子。他将来是要做生意的，父亲经营着一家大工厂。这个诚实的年轻人，心地善良而敏感，信仰虔诚。他希望自己长大后，可以为工人做些好事。我给他推荐了乔治·艾略特的小说《费利克斯·霍尔特》(*Felix Holt*)。公园里很美，月光洒在古老的榆树上，草叶带着露水。在这座小教堂里演讲的感觉真好啊，这是座木质结构教堂。再会提奥，再会了我的弟弟，我把布道辞写在这儿，希望你也能读到。打起精神，快点好起来吧。

上图与对页图：1876 年，凡·高在伦敦附近的艾尔沃思帮托马斯·斯莱德–琼斯牧师做事。其间凡·高在教堂有过一次布道的经历，这次经历对他意义重大。他把布道辞原原本本抄录在写给弟弟提奥的信中。

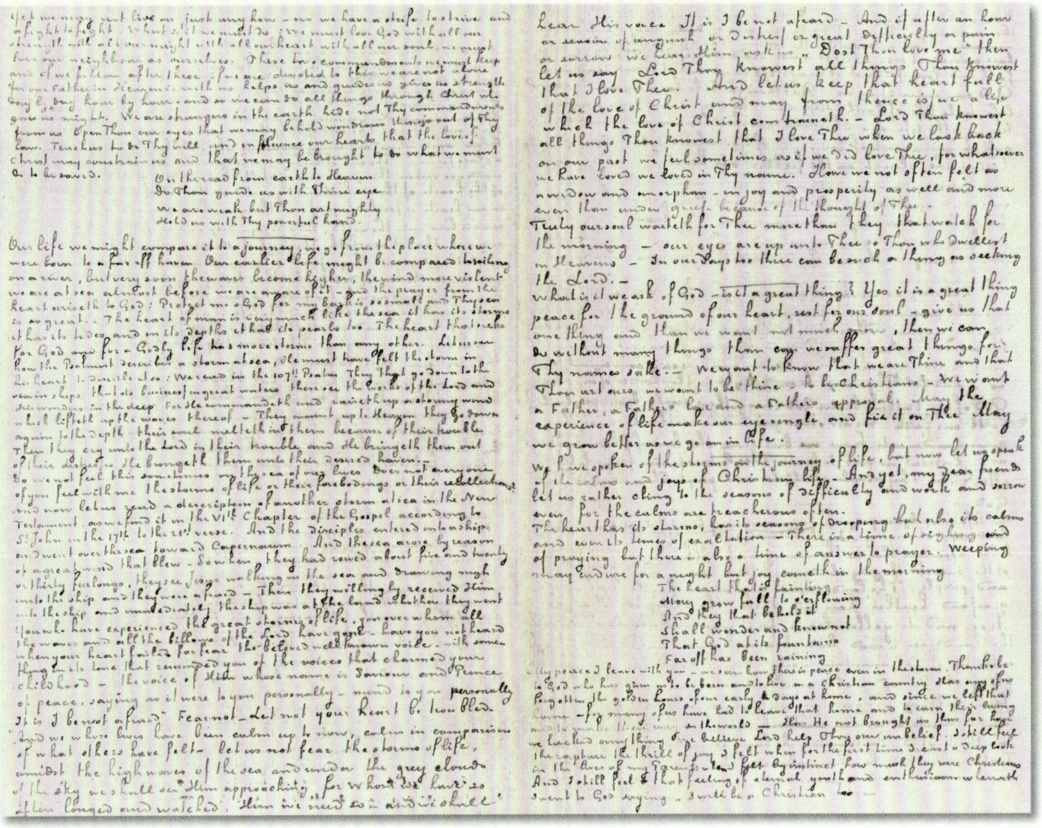

Yet we may not live on just any how — no we have a strife to strive and a fight to fight. What is it we must do: We must love God with all our strength with all our might with all our heart with all our soul, we must love our neighbour as ourselves. These two commandments we must keep and if we follow after these if we are devoted to this we are not alone for our Father in Heaven is with us helps us and guides us gives us strength day by day hour by hour. and so we can do all things through Christ who gives us might. We are strangers in the earth hide not Thy commandments from us Open Thou our eyes that we may behold wondrous things out of Thy law. Teach us to do Thy will and influence our hearts that the love of Christ may constrain us and that we may be brought to do what we must do to be saved.

On the road from earth to Heaven
Do Thou guide us with Thine eye
We are weak but Thou art mighty
Hold us with Thy powerful hand.

Our life we might compare it to a journey, we go from the place where we were born to a far off haven. Our earlier life might be compared to sailing on a river, but very soon the waves become higher, the wind more violent we are at sea almost before we are aware of it — and the prayer from the heart ariseth to God: Protect me o God for my bark is so small and Thy sea is so great. — The heart of man is very much like the sea it has its storms it has its tides and in its depths it has its pearls too. The heart that seeks for God and for a Godly life has more storms than any other. Let us see how the Psalmist describes a storm at sea, He must have felt the storm in his heart to describe it so: We read in the 107th Psalm They that go down to the sea in ships that do business in great waters these see the works of the Lord and His wonders in the deep For He commandeth and raiseth up a stormy wind which lifteth up the waves thereof — They mount up to Heaven they go down again to the depth their soul melteth in them because of their trouble Then they cry unto the Lord in their trouble and He bringeth them out of their distresses He bringeth them unto their desired haven. —
Do we not feel this sometimes on the sea of our lives Does not everyone of you feel with me the storms of life or their forebodings or their recollections?
And now let us read a description of another storm at sea in the New Testament as we find it in the VIth Chapter of the Gospel according to St. John in the 17th to the 21st verse. And the disciples entered into a ship and went over the sea toward Capernaum. And the sea arose by reason of a great wind that blew — So when they had rowed about five and twenty or thirty furlongs, they see Jesus walking on the sea and drawing nigh unto the ship and they were afraid — Then they willingly received Him into the ship and immediately the ship was at the land whither they went.
You who have experienced the great storms of life, you over whom all the waves and all the billows of the Lord have gone — have you not heard when your heart failed for fear the beloved well known voice — with something in its tone that reminded you of the voices that charmed your childhood — the voice of Him whose name is Saviour and Prince of peace, saying as it were to you personally — mind to you personally „It is I be not afraid" Fear not — Let not your heart be troubled.
And we whose lives have been calm up to now, calm in comparison of what others have felt — let us not fear the storms of life, amidst the high waves of the sea and under the grey clouds of the sky we shall see Him approaching, for Whom we have so often longed and watched, Him we need so — and we shall hear His voice It is I be not afraid — And if after an hour or season of anguish or distress or great difficulty or pain or sorrow we hear Him ask us „Dost Thou love me" then let us say Lord Thou knowest all things Thou knowest that I love Thee. And let us keep that heart full of the love of Christ and may from thence issue a life which the love of Christ constraineth. — Lord Thou knowest all things Thou knowest that I love Thee when we look back on our past we feel sometimes as if we did love Thee, for whatsoever we have loved we loved in Thy name. Have we not often felt as a widow and an orphan — in joy and prosperity as well and more even than under grief because of the thought of Thee. —
Truly our soul waiteth for Thee more than they that watch for the morning — our eyes are up unto Thee o Thou who dwellest in Heavens — In our days too there can be such a thing as seeking the Lord. —
What is it we ask of God — is it a great thing? Yes it is a great thing peace for the ground of our heart, rest for our soul — give us that one thing and than we want not much more, then we can do without many things than can we suffer great things for Thy names sake. — We want to know that we are Thine and that Thou art ours we want to be Thine — to be Christians — We want a Father, a Fathers love and a Fathers approval. May the experience of life make our eye single and fix it on Thee May we grow better as we go on in life.
We have spoken of the storms on the journey of life, but now let us speak of the calms and joys of Christian life. — And yet, my dear friends let us rather cling to the seasons of difficulty and work and sorrow even, for the calms are treacherous often.
The heart has its storms, has its seasons of drooping but also its calms and even its times of exaltation — There is a time of sighing and of praying but there is also a time of answer to prayer. Weeping may endure for a night but joy cometh in the morning

The heart that is fainting
May grow full to o'erflowing
And they that behold it
Shall wonder and know not
That God at its fountains
Far off has been raining

My peace I leave with you — we saw how there is peace even in the storm. Thanks be to God who has given us to be born and to live in a Christian country Has any of us forgotten the golden hours of our early days at home, and since we left that home — for many of us have had to leave that home and to earn their living and to make their way in the world — Has He not brought us thus far have we lacked anything Lord we believe Lord help Thou our unbelief. I still feel the rapture the thrill of joy I felt when for the first time I cast a deep look in the lives of my Parents, when I felt by instinct how much they were Christians And I still feel that feeling of eternal youth and enthusiasm wherewith I went to God saying: I will be a Christian too —

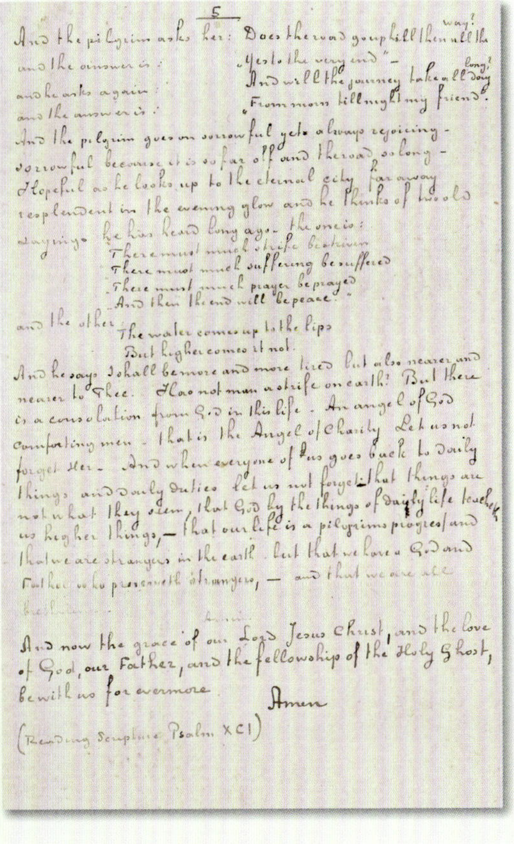

5

And the pilgrim asks her: Does the road go up hill then all the way?
and the answer is: "Yes to the very end" —
and he asks again: And will the journey take all day long?
and the answer is: "From morn till night my friend."

And the pilgrim goes on sorrowful yet always rejoicing — sorrowful because it is so far off and the road so long — Hopeful as he looks up to the eternal city far away resplendent in the evening glow and he thinks of two old sayings he has heard long ago — the one is:

"There must much strife be striven
There must much suffering be suffered
There must much prayer be prayed
And then the end will be peace."

and the other

The water comes up to the lips
But higher comes it not.

And he says I shall be more and more tired but also nearer and nearer to Thee. Has not man a strife on earth? But there is a consolation from God in this life — An angel of God comforting men — that is the Angel of Charity Let us not forget Her — And when everyone of us goes back to daily things and daily duties let us not forget that things are not what they seem, that God by the things of daily life teaches us higher things, — that our life is a pilgrims progress and that we are strangers in the earth but that we have a God and Father who preserveth strangers, — and that we are all brethren.

Amen

And now the grace of our Lord Jesus Christ, and the love of God, our Father, and the fellowship of the Holy Ghost, be with us for evermore

Amen

(Reading Scripture Psalm XCI)

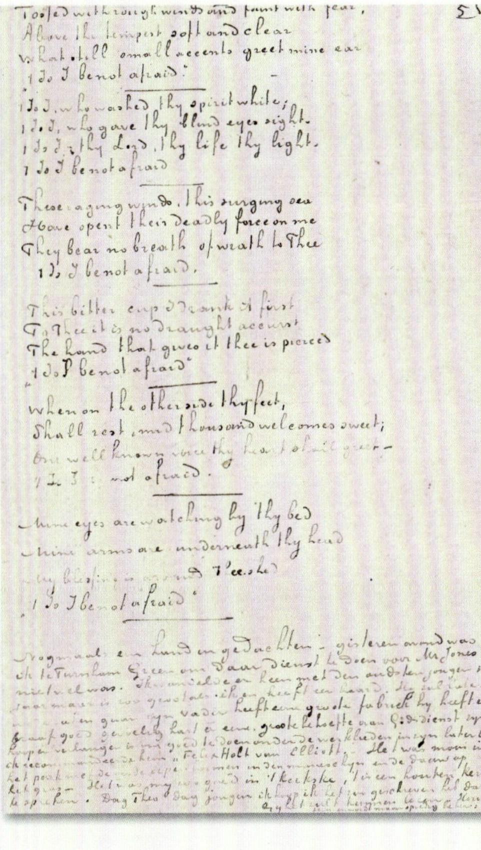

5 1

Tossed with rough winds and faint with fear,
Above the tempest soft and clear
What still small accents greet mine ear
'Tis I be not afraid.'

'Tis I, who washed thy spirit white;
'Tis I, who gave thy blind eyes sight.
'Tis I, thy Lord, thy life thy light.
'Tis I be not afraid

These raging winds, this surging sea
Have spent their deadly force on me
They bear no breath of wrath to Thee
'Tis I be not afraid.

This bitter cup I drank at first
To Thee it is no draught accurst
The hand that gives it thee is pierced
'Tis I be not afraid'

When on the other side thy feet,
Shall rest, mid thousand welcomes sweet;
One well known voice thy heart shall greet —
'Tis I be not afraid.

Mine eyes are watching by thy bed
Mine arms are underneath thy head
My blessing is around Thee shed
'Tis I be not afraid'

Nogmaals een hand in gedachten — gisteren avond was ik te Turnham Green om daar dienst te doen voor Mr Jones die niet wel was. [illegible] 17 [illegible] vader heeft eene groote fabriek hy heeft een [illegible] groote behoefte aan Godsdienst [illegible] Felix Holt van Elliott. Het was mooi in [illegible] in 't kerkje, 't is een houten kerkje [illegible] Dag Theo dag jongen ik hoop ik heb zoo geschreven [illegible]

初入画坛

左图：凡·高最早的几幅静物油画之一，在安东·莫夫给他授课期间完成的。

对页上图：凡·高在1884—1885年间画的几幅土豆静物之一。画面色调较暗，其实这阶段的凡·高正积极尝试补色，此画中即运用了红绿补色。

决心一旦下定，凡·高便像先前投入传教活动那样开始全情地追求艺术事业。因在画廊工作过一段时间，凡·高熟谙传统的美术训练模式，便先从临摹开始。他对让-弗朗索瓦·米勒（Jean-Francois Millet）和另外几位画家颇为推崇，便让弟弟提奥送来他们画作的复制品。凡·高还从海牙的前雇主那里借来查尔斯·巴尔格（Charles Bargue）的《素描教程》（*Cours de Dessin*），把这本大部头教程的每一页都临摹了一遍。此外，他也经常研读艺术家论述绘画技巧的各种手册和书籍，这个习惯一直保持到他生命的最后，这是凡·高自学的主要途径。

1880年秋天，凡·高前往布鲁塞尔与其他艺术家见面，可能也有去那里的艺术学院听课的打算。在布鲁塞尔，凡·高结识了年轻的荷兰画家安东·凡·拉帕德（Anton van Rappard）。那时拉帕德已受过不少正规的美术训练，他给凡·高提了些建议。凡·高有时会去拉帕德的画室作画，两人渐渐成了朋友。但布鲁塞尔的生活成本很高，1881年春，凡·高决定搬回北布拉班特省（Brabant）的埃滕（Etten）和父母同住。回到乡村的凡·高没有停下临摹练习，同时一有机会就出去写生。从事各种户外劳作和家务活的人们都是凡·高的写生素材，他按照19世纪最流行的样式描摹下来。

凡·高在埃滕待到1882年末。他和父母一向相处不来，又一次争吵后他索性离家去了海牙，其实这个计划凡·高筹谋已久。海牙聚集着一批称为“海牙画派”的风景画家，该画派代表人物之一安东·莫夫（Anton Mauve）的画室凡·高曾去拜访过。因为那时受到了莫夫的热情接待，所以凡·高此去也是满怀期待，相信自己会再次受到欢迎，兴许还能有机会向莫夫学习油画创作。莫夫真的同意了。凡·高写信给提奥汇报：“第二天，我们挂起一幅静物画。他第一句话就是‘调色板就

海牙画派 THE HAGUE SCHOOL

19世纪70年代，海牙聚集着一批专注描绘荷兰乡村的风景画家。这批画家在海牙的郊野找寻绘画主题，勾画北海海滨，描摹绿茵草场与放牧其上的牛群，以及以风车和运河为代表的典型荷兰风景物。海牙画派继承17世纪荷兰风景画传统，又受19世纪法国巴比松画派艺术家的影响，因对日常生活的抒情表达而闻名。他们的画作捕捉了荷兰特有的匀净透亮、泛着灰的天色。

左图：凡·高早期临摹米勒《播种者》的一幅素描习作。

右图：信上的插图，画着凡·高作画时用于把握相对比例的辅助工具——透视比例框。

上图：《斯海弗宁恩海滩》，凡·高与
海牙画派画家常去这片海滩写生。

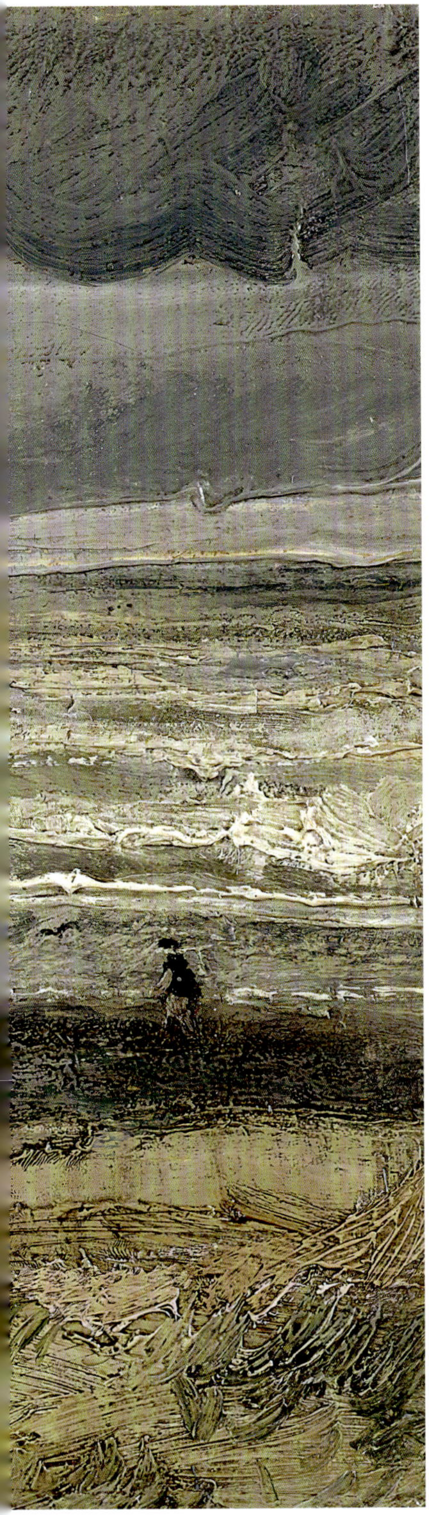

该这么拿’。这以后我画了几幅静物习作。” 凡·高这批表现瓶、碗等物品的早期油画习作遵循传统构图模式，从中可看出莫夫对他的影响。接下来的几年，凡·高一直通过静物画练习构图与设色。其早期习作也反映了凡·高对陶罐、木鞋、蔬果等乡村日常物品的喜爱。

莫夫还将凡·高介绍给海牙画派的其他艺术家，凡·高常和海牙画派的年轻一代去周边的乡间写生。沙丘、海滩和古老的渔村斯海弗宁恩（Scheveningen）——海牙与北海相接之地——有着取之不尽的绘画素材。其间凡·高发现，作画时借助透视比例框能有效提升自己对于物体比例的把握，尤其画风景画或海景画的远景时帮助更大。凡·高常与画家同伴们讨论自己钟爱的艺术家和艺术理念，在他们的影响下，凡·高的画风逐渐灵动起来，作品的色调也得到同行欣赏。

安东·莫夫 ANTON MAUVE（1838—1888）

安东·莫夫是海牙画派代表人物之一，他协助创立了荷兰写生俱乐部（Dutch Drawing Society），并且担任颇具影响力的艺术家协会普赫利工作室（Pulchri Studio）秘书长一职。莫夫的羊群系列作品大获成功，该系列刻画了漫游于海牙周边沙丘、铺满沙子的小径上的羊群。此外，他也以乡村动物和农夫为对象创作了不少作品。莫夫所画在斯海弗宁恩海滩上为渔船拉纤的马，最为凡·高欣赏。作为凡·高的表妹夫，莫夫在凡·高艺术生涯的早期对他影响很大，不但将凡·高引荐给艺术家同人，还让他在普赫利工作室免费学画。

海牙的模特

上图：画中是一位正在用午餐的劳动者，这是凡·高表现劳动者的大幅石版画之一，这一系列画作画得非常动人。

在海牙的那段时光，凡·高工作卖力，情感上也经历了许多坎坷。除去油画学习，凡·高仍然重视人物素描。他曾在伦敦看到过一些通俗杂志上登载的插画，对此极为欣赏。这类杂志插画激发了凡·高的灵感，让他创作了不少作品给出版商。英国杂志《画报》（*The Graphic*）曾经刊载过以“人民的头像”为名的系列画作，专门表现矿工、水手等工人阶级人物，这种形式启发了凡·高，他以海牙当地人为原型也画了一个类似的系列。模特是凡·高从救济院里找的老人，他还找了一些当地的工人、贫民。“理想情况是模特越多越好。严寒的冬日，画室还能作为穷苦模特的避风港或是避难所……”凡·高如是写道。为使普通大众都能接触到自己的作品，凡·高还制作了一批石版画。当听说印刷厂员工有意展出他的一幅作品时，凡·高高兴极了。

模特中有一位叫西恩·霍里克（Sean Hoornik）的单亲妈妈。西恩是以卖身为业的妓女，与凡·高相识时正怀着第二个孩子。当时的凡·高贫穷、寂寞，渴望家庭的温暖，于是收留下西恩，他明白这意味着自己将会拥有一个随时可画的模特。就这样，凡·高的悲悯之心有了关怀的对象，而且在他的想象里，自己终于有了个真正的家。他写信给提奥：“当男人坐在他所爱的女人身边，女人旁边是个摇篮，摇篮里躺着婴儿，这时他心里自然激荡起强烈的情感。”甚至西恩入院生产，凡·高也在产床边相伴。凡·高所感受到的这份家的柔情，在他以西恩的两个孩子为模特的素描里一目了然。西恩多次出现在凡·高的素描作品里，有穿衣的也有裸身的，凡·高画和孩子们在一起的西恩，做家务的西恩，以及摆出特定姿势的西恩。这些作品中的西恩相貌平平、面容憔悴。凡·高看重的不是美貌，而是平凡，甚至是丑陋，于他而言，真实才是更重要的。

和西恩的这段关系使凡·高与家人发生了剧烈冲突，安东·莫夫也不再同凡·高来往。后来情况变得越发复杂：一来，从长远来看，提奥每月给凡·高的那笔生活费供不起他们这一

“人民的头像”“HEADS OF THE PEOPLE”

19 世纪 70 年代，凡·高居于伦敦时发现了《画报》和《伦敦新闻画报》（*Illustrated London News*）等杂志刊登的插图作品。他收集赫科默（Hubert von Herkomer）、法尔兹（Luke Fildes）和霍尔（Frank Holl）等几位艺术家创作的人像插图，特别是《画报》上刻画工人阶级的“人民的头像”系列，他认为这些画作中蕴含着“某种高贵的东西”以及“严肃的情感”。凡·高被这些深深吸引，此后他走上艺术之路，这些作品也是他灵感的一个主要来源。经年累月，他创作了总计约 1600 幅作品，目前一大部分为阿姆斯特丹的凡·高博物馆（Van Gogh Museum）收藏。

上图：这幅素描体现了凡·高对西恩·霍里克几个孩子的柔情。

左图：凡·高画过西恩很多次，这幅画中的西恩正坐在壁炉边吸烟。

第一单委托

1882 年，凡·高家族的画商三兄弟之一科内利斯·凡·高（Cornelis Marinns van Gogh）向侄子凡·高定制了几幅以海牙为主题的画作。接到委托的凡·高满心欢喜，立刻投入创作，而且十分用功。不幸的是，他的叔叔对凡·高的作品不甚满意，原因大概是这批作品的技巧不够正统——凡·高在创作中随心所欲地融合了多种技法。而且凡·高侧重表现工人阶级的生活图景，这又与叔叔所期待的优美的海牙风景大有出入。

家子；二来，凡·高自己也认识到他和西恩的感情注定无法长久，而西恩重操旧业让他更加失望。最终，凡·高决定离开海牙到荷兰东北部的德伦特省（Drenthe）去。德伦特的夏天气候宜人，许多画家都前去采风。可凡·高去时却是 1883 年的秋季，秋天的德伦特寒冷又荒凉，凡·高在那儿孤单地度过了三个月，发现很难找到素材，也接触不到当地的农村人。经过这一时期的重新定位，凡·高意识到比起城市，自己更偏好田园乡村。

左图：画中人来自救济院，多次当过凡·高的模特。凡·高找来各式服装让他穿上，以便刻画特定的人物类型。

布拉班特的乡景

上图：凡·高一再以尼厄嫩的老教堂入画，这幅作品对他来说是特别重要的一幅。

对页上图：父亲去世后，凡·高画的《静物：打开的圣经》，此画所暗指的就是父子关系。

客居德伦特三个月后，凡·高于1883年12月再次搬回父母家，这时他父母已经迁到尼厄嫩（Neunen）。尼厄嫩人信仰天主教的居多，而凡·高父亲则为当地少数归正会会众担任牧师。凡·高与父母的关系仍然紧张，同住的这段时间并无任何改善。乡下地方，凡·高这种艺术家的追求与生活方式，多少都显得格格不入，而他也毫不顾忌父母的看法。平日里凡·高总是一身农夫的打扮，与乡里人来往，却很少同自己的亲友来往。在那些人眼里，凡·高的行为举止处处透露着古怪。他读的书很前卫，特别是那些“不道德”的法国小说，对教会的态度也越来越趋向批判。因之而起的种种争执不断，尤其父子之间吵得厉害。1885年3月，凡·高的父亲意外去世，此后凡·高曾多次在作品中表达自己与父亲的关系。在《静物：打开的圣经》这幅油画中，凡·高将家庭祷告用的大本《圣经》与自己喜欢的法国作家埃米尔·左拉（Emile Zola）的一本平装本小说并置。这本亮黄色封面的小说《生的快乐》已然翻得很旧，与严肃、沉郁的《圣经》形成强烈对比，暗示着父与子

安东·凡·拉帕德 ANTON VAN RAPPARD（1858—1892）

1876年，荷兰画家拉帕德开始接受美术训练。他最初在阿姆斯特丹的美术学院学习，后来到巴黎深造，然后又去了布鲁塞尔。1880年秋，就是在布鲁塞尔，拉帕德与凡·高相遇了。两人成了朋友，时有联系，一直持续到1885年夏天。两位艺术家通信频繁，相互拜访，也一同作画。他们交换书籍，在技巧和审美等问题上互帮互助。好几次，凡·高都是受到拉帕德的启发去探索某些特定的绘画主题，如1884年秋天画的农民头像系列。凡·高与拉帕德的通信也帮助我们深入了解当时他的所思所想，以及艺术上的走向。

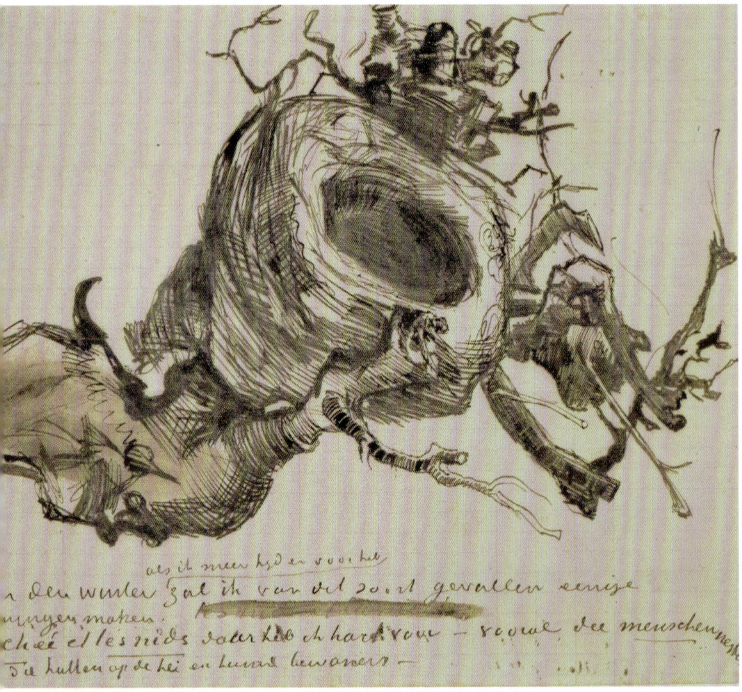

的差异，父亲宗教情感深沉，儿子则醉心现代主义文学，渴望从传统中解放出来。

撇开恼人的家庭纷争，凡·高深深陶醉在布拉班特的田园风光中。这里的景色由四季的旋律主宰，时时变动流转，给了凡·高全新的绘画素材。自然之美吸引着凡·高的浪漫心性，这种美被淋漓尽致地写进了他的信里，也体现在他抄录给提奥和其他朋友的诗文里。这几年的凡·高着迷于秋日里的金色阳光和缤纷多彩的树叶，田间地头、乡间小路无不使他回想起17世纪那些荷兰画家的名作。因为曾在古比尔画廊工作，凡·高对前辈画家们的作品相当熟悉。与亲眼观察自然所得一样，前人的画作也给了凡·高许多灵感，伦敦国家美术馆馆藏的迈因德特·霍贝玛（Meindert Hobbema）的作品《林间小道》（见下页，作于1689年）就是其一。在1884年秋天的一封信里，凡·高建议弟弟到伦敦该看些什么时，还特别提到了这幅画。

凡·高的很多油画作品都流露出一种怀旧感，那是对传统乡村生活的眷恋。在凡·高看来，尚未被现代观念或技术进步污染的传统生活才是“真的生活”。他喜爱穷苦农人住的那种茅草屋顶的村舍，认为这就是正宗的乡村风貌。凡·高把茅屋比作鸟巢，在这样的居所里，家人相依，安全又舒适。尼厄嫩乡野的一座老教堂也不断刺激着凡·高的想象。老教堂将按计划拆除，凡·高亲眼看着他们卖掉教堂的十字架和其他物品。以教堂塔楼为对象，凡·高画过好几幅画，“我想表达，死亡与埋葬不过是这样简单的事，一抔黄土，一个木十字架，简单得就如一片秋叶凋落”。

除了油画，这一时期凡·高的素描进步也很明显。他创作了许多大幅的表现性素描，这些作品十分惊艳，反映出他技巧上的进步，以及对待创作方法的严肃态度。凡·高的朋友拉帕德很欣赏这批作品，于是凡·高便把作品寄给拉帕德，好让他向别人展示。可惜并没有找到买家，这让凡·高很是失望。

顶图：在布拉班特时，凡·高收集且描绘过许多这样的鸟巢。

上图：这幅大型素描画的是尼厄嫩教区牧师住宅的花园，细节丰富，充分证明了凡·高在素描领域的成绩。

对页上图：凡·高很喜欢画茅草屋顶的小屋。他认为茅舍是典型的乡村景物，代表着乡村生活的一个方面。

对页下图：迈因德特·霍贝玛的《林间小道》，凡·高在伦敦时颇为欣赏这幅画。

17 世纪的荷兰艺术

19 世纪，人们对于 17 世纪荷兰艺术的兴趣一度复苏。其时，有关民主改革的讨论中充斥着 17 世纪荷兰共和国的一些政治理念。风景画重获关注，引发海外对 17 世纪荷兰风景画成就的赞赏。凡·高熟稔 17 世纪荷兰画家的作品，他最开始就是以这些画家的作品为参照的。他的欣赏源自阅读，尤其是 19 世纪流传甚广的托雷–比尔格（Thoré-Bürger）的著作——二卷本的《荷兰的博物馆》（*Musées de la Hollande*）。

卖据，1885 年

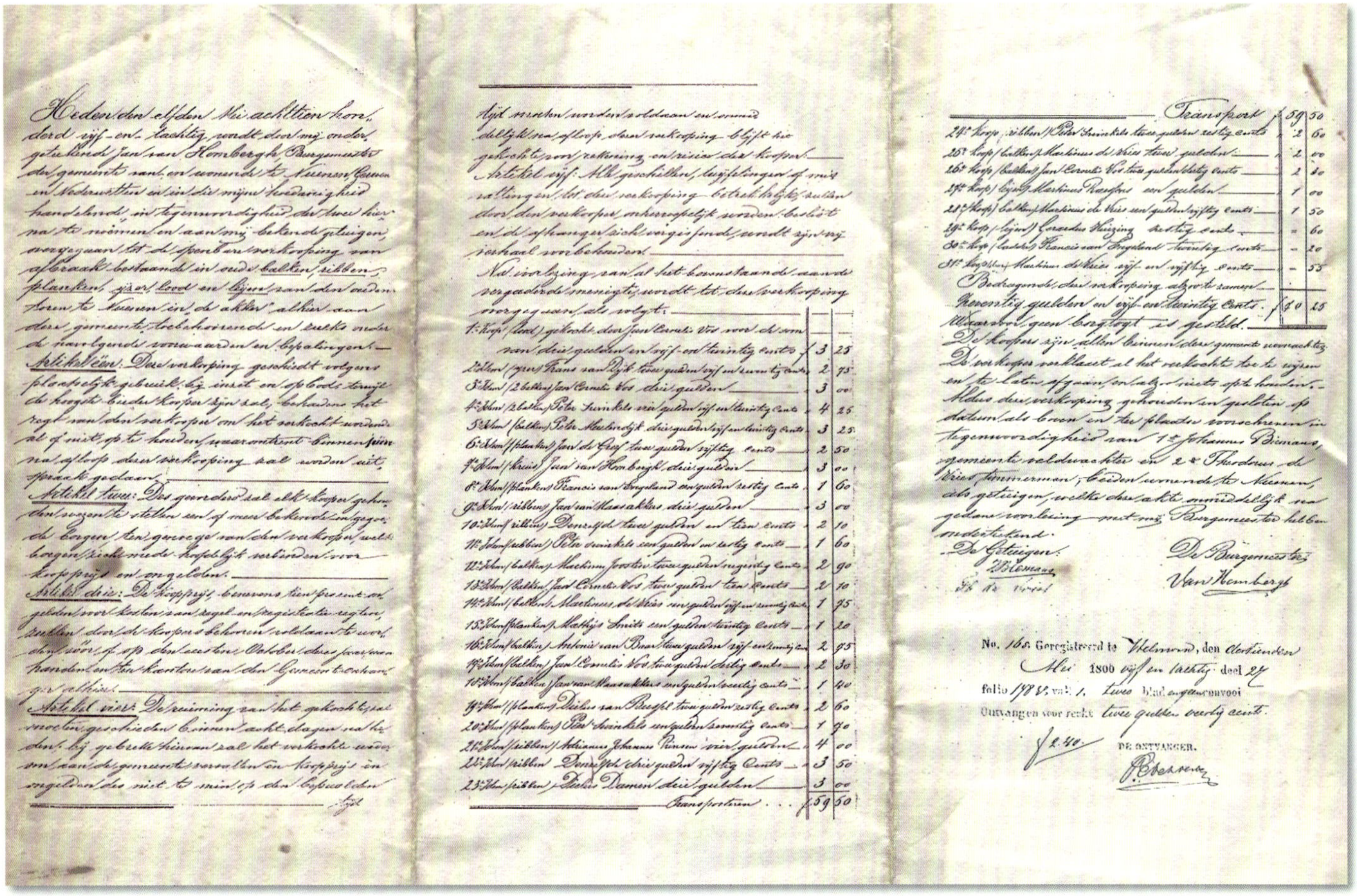

1885 年 2 月 20 日，尼厄嫩镇议会决议拆除老教堂塔楼。1885 年 5 月 11 日组织了第一场拍卖会，出售教堂建材和器物。这是第一场拍卖会的卖据，卖据开头标注着拍卖会召开的情况，随后列出了买家的姓名和购买物品。例如，第 7 件拍卖品是教堂十字架，由纽南镇长出价 3 荷兰盾购入。大多数拍卖品是建材，有顶梁、木板、肋拱和一些其他材料。最后卖据里还提到了这场拍卖会的见证人，如村里的警官比曼斯，木匠德弗里斯和尼厄嫩镇长凡·洪伯格。拍卖总计收入 70.25 荷兰盾。

凡·高把此事的前后经过写在一封信里：

“塔楼即将拆除。这里开了场拍卖会，卖出木构件、石板、铁器和十字架。我已准备画一幅拍卖会场景的水彩，我觉得水彩画会更好。”

【节选于 1885 年 5 月的一封信件】

上图：尼厄嫩镇外乡野上的老教堂塔楼让凡·高着迷，他不厌其烦地在画里描绘这个建筑。因为计划拆除，政府组织出售了老建筑的部件和材料。凡·高在场见证了这第一场拍卖会。

凡·高写给安东·凡·拉帕德的信，1884 年 3 月

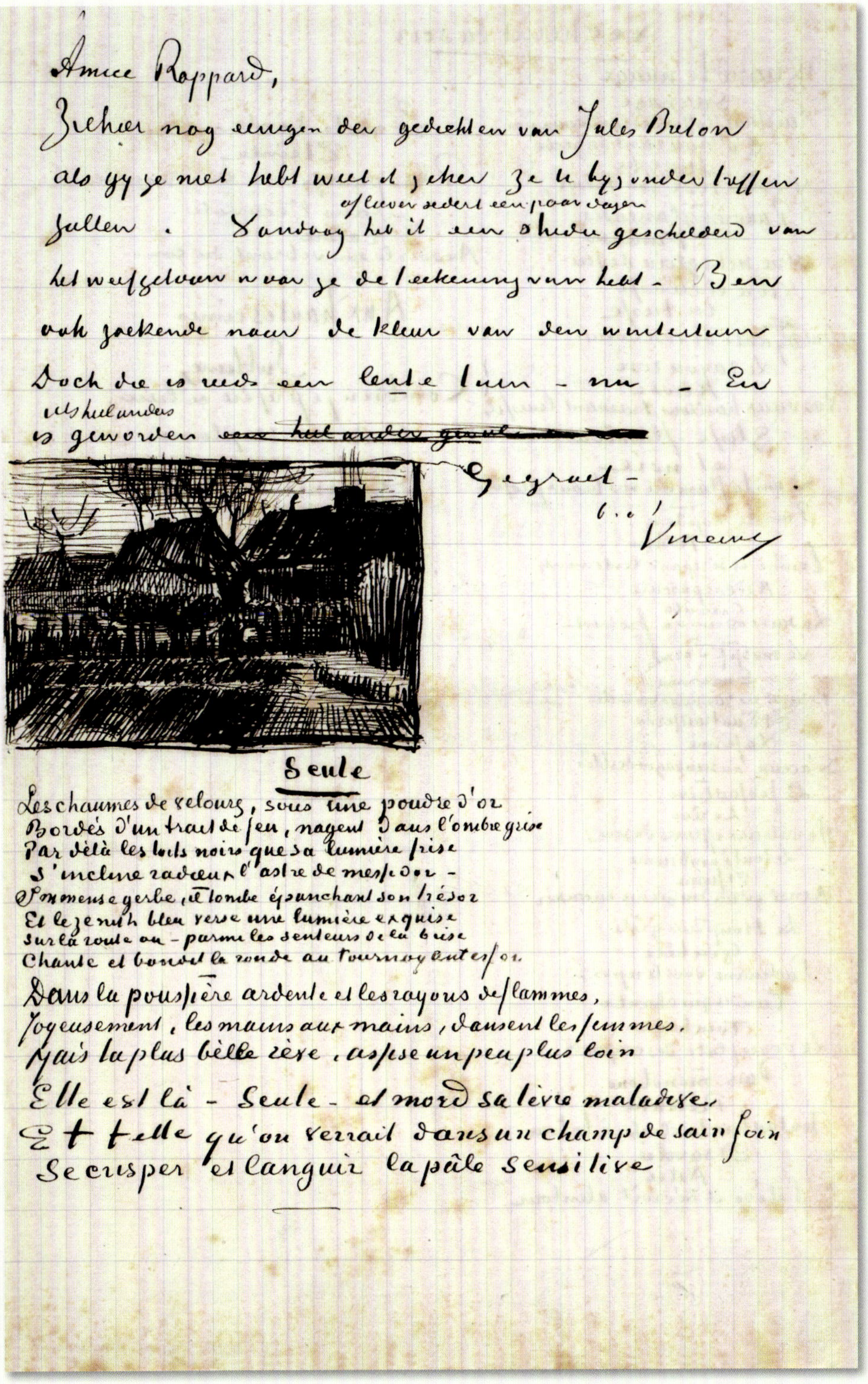

Amice Rappard,

Zie hier nog eenigen der gedichten van Jules Breton als gij ze niet hebt weet ik zeker ze u bijzonder treffen zullen. Vandaag heb ik een studie geschilderd van (af[illegible] sedert een paar dagen) het weefgetouw waar ge de teekening van hebt. – Ben ook zoekende naar de kleur van den wintertuin Doch die is reeds een heele tuin – nu – En is (ook heel anders) geworden ~~een heel ander geval~~

Gegroet –

t.à.t.

Vincent

Seule

Les chaumes de velours, sous une poudre d'or
Bordés d'un trait de feu, nagent dans l'ombre grise
Par delà les toits noirs que sa lumière frise
S'incline radieux l'astre de messidor –
Immense gerbe, il tombe épanchant son trésor
Et le zenith bleu verse une lumière exquise
Sur la route où – parmi les senteurs de la brise
Chante et bondit la ronde au tournoyant essor.
Dans la poussière ardente et les rayons de flammes,
Joyeusement, les mains aux mains, dansent les femmes.
Mais la plus belle rêve, assise un peu plus loin
Elle est là – Seule – et mord sa lèvre maladive.
Et telle qu'on verrait dans un champ de sainfoin
Se crisper et languir la pâle sensitive

亲爱的拉帕德：

又多给你抄了几首朱尔斯·布雷顿的诗。如果你没读过的话，我觉得你读后一定会被打动。今天我画了一幅织布机油画习作，其实已经画了好多天了。你会看到草图。我还在试图采用冬日花园的颜色。但现在已经是春天了，与冬天大不同了。

再会，

你永远的文森特

左图：在荷兰时，凡·高与画家安东·凡·拉帕德多次通信，他们在信里探讨各自的作品与创意。这封信里凡·高为他的朋友抄录了好几首诗歌。

农民画家

田间劳作的农民也是凡·高的一大主题，他画的农民甚至多过风景。在他看来，农民是与大地和四季联结最为紧密的一类人，因而他们象征着乡村生活。当时的艺术家凡·高志气不凡，一心想追随法国画家的脚步，成为像米勒、朱尔斯·布雷顿（Jules Breton）那样著名的农民画家。米勒和布雷顿以表现农民生活而闻名，他们反映农村题材的画作让凡·高崇拜不已。

凡·高认真细致地观察各类农活，如种土豆、小麦播种与收割、犁地等。他去田间实地调研，记录各种农活的细节，随后回到画室请模特摆出某个劳动的姿势，再画下来。除了单个模特的素描和油画练习，凡·高也尝试群像，在画布上

让–弗朗索瓦·米勒
JEAN-FRANCOIS MILLET（1814—1875）

诺曼底农夫的儿子米勒因绘画天赋获得了一笔去巴黎进修画艺的助学金。1849 年，米勒搬到巴比松村，从此开始在画布上描绘乡村图景与农民生活。在 19 世纪 50 年代，米勒的一些作品如《扶锄的男子》（*Man with a Hoe*）等最初被看作是批判社会之作，但他很多以乡村生活为主题的画作颇得赏识，不少买家竞相收藏。在凡·高眼里，米勒是最伟大的画家之一，不仅主题选得好，画法也高超。因此，凡·高不仅临摹米勒的作品作为练习，也试图在创作中模仿这位大家。

左图：凡·高有许多表现农民的素描习作，都很注重细节，如图中拾穗的女人。这幅作品极可能是和模特在画室完成的。

上图：凡·高刻画在荷兰乡村劳作的农民，如图中挖土豆的女人。这一系列素描作品多数都是先在画室把摆出特定姿势的模特画下来，再将人物嵌入风景中。

呈现多个人物。

那时为增加收入，到了农闲季节多数农村劳动力都会在家用纺车或织布机上织布。凡·高认为家庭纺织是农村传统生产活动的重要组成部分。其实到了19世纪末，现代纺织业的技术和工业化已蔓延至布拉班特，但凡·高刻意回避这种趋势。他选择在画作中表现手工操作的织布机，尤其那些有几百年历史的老机器。为了创作，凡·高直接到农民家里去，可往往因为农舍空间狭小，作画时与织布机距离过近而很难正确把握比例。还有，织布人的刻画也同样不容易，凡·高写信给朋友拉帕德：“而我试图表达的正是：‘怪兽般可怕的黑家伙，一架由条条棍棍构成的、脏污不堪的橡木织布机与室内阴沉的氛围形成强烈对比，中央坐着个黑影，面目模糊如猿猴，又像是地精、鬼怪，从清晨到黑夜咔嗒咔嗒织布不休。’涂画几笔，勾出机器边坐着的一个织布的幽灵。因此，我几乎不怎么考虑手臂和腿部的比例。”

在这类主题的作品中，凡·高着重描绘构造复杂的织布机与坐于边上劳作的织布者。偶尔画面中也会涉及那户人家的一部分细节，比如添上其他家庭成员使用的一架纺车。有一幅画里凡·高甚至还画过一把高脚椅，椅上坐一幼童，父亲织布之余还得时时顾着小孩儿。

凡·高描绘农民在家里或是田间的劳作情境，并没有控诉底层人民悲惨命运的意思。反之，凡·高对这种生活方式深表同情，认为这种将逝去的传统值得珍视与记忆，于是他在画里赞美农民的生活。

上图：这架织布机的复杂结构让凡·高着迷，它几乎占去了这户农家茅屋里的绝大部分空间。

朱尔斯·布雷顿 JULES BRETON（1827—1906）

布雷顿去巴黎学画前，在比利时根特和安特卫普的美术学院接受训练。他出生于法国北部的农村，在那儿度过了生命中大部分时光，当地的风土常出现在他的画笔下。19 世纪 50 年代，布雷顿开始表现农民生活，很快这些作品声名鹊起。不同于米勒那些强调农民劳苦的作品，布雷顿的画作则颂扬田间劳作，笔法浪漫、透着感伤情调。凡·高仰望布雷顿的作品，1880 年时甚至一度想去布雷顿在法国北部的画室拜访。

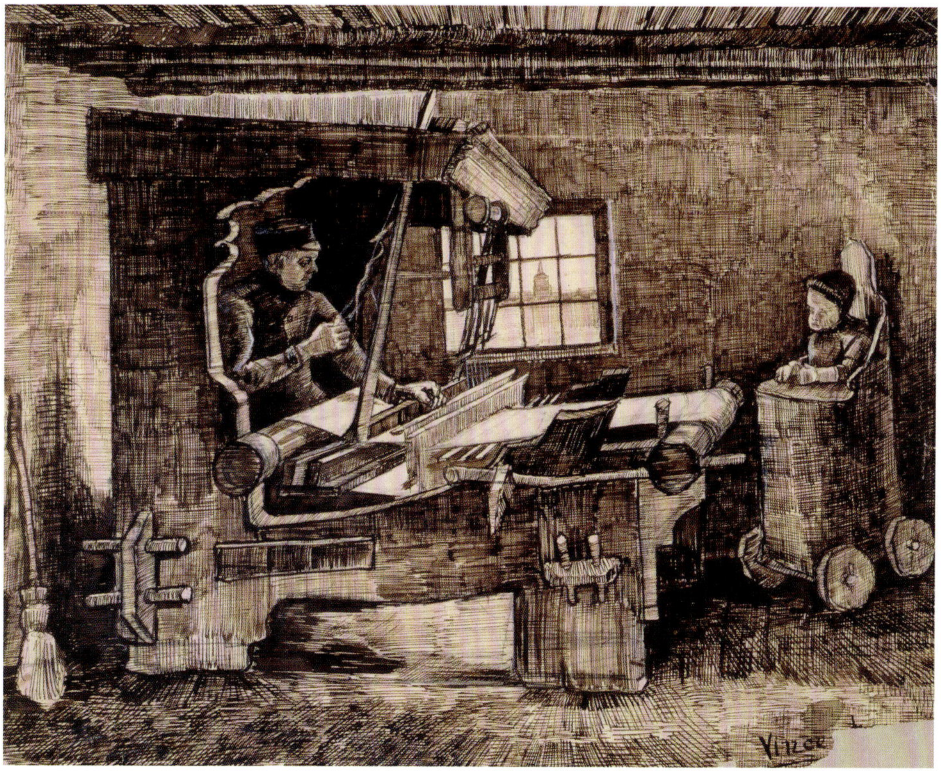

左图：这幅细致的素描表现了一个在家织布的男人。孩子坐在织布机对面的高脚椅上，窗外远远伫立着教堂塔楼，暗示家庭的信仰。

吃土豆的人

专注于农民形象的凡·高渐渐对自己有了更高的要求，他想要尝试更复杂的创作，以显示自己对这一主题的精通。凡·高选择画一幅大幅油画歌颂农民生活的本真，画面上要表现多个人物。因为看了不少19世纪画家描绘的这类场景，他最终决定以共进晚餐的一大家人为对象，荷兰画家约瑟夫·伊斯拉埃尔斯（Jozef Israëls）就曾经画过。

下笔前，凡·高做了大量研究和准备工作。到1884年秋天，他已画过不少农民头像，油画和素描都有，对这幅名作的创作助益良多。凡·高也研究了手部的画法，还画了围坐在桌边和干家务活的人物，尝试过很多种不同构图。他与一户农家结成朋友，这户人家允许他来家里，这样凡·高便能观察、琢磨农家室内布置以及家人围坐桌边的场景。凡·高想追求一种特殊的光影效果，也曾试过让人物靠窗而坐。但在最终的成品里，人物还是处于茅屋中央，上方用一盏吊灯将室内照亮。

通过人物形象和色彩运用，凡·高意图表达农民的艰难劳苦。他在信中这样向弟弟提奥解释：“我想要突出这些人，在灯下吃土豆的他们，此刻正把手伸到盘中拿食物，而也正是这几双手在白天犁地、耕田。我要强调他们干苦力活，以及他们如

左图：凡·高为创作《吃土豆的人》而画的素描习作之一，作为前期准备。这张侧面像显示凡·高将模特的面目表现得比实际粗野，是刻意的夸张。

右图：这幅肖像画比较特别，因为画中女人的凝视充满张力。作品反映出凡·高当时的兴趣在于明暗对比。

约瑟夫·伊斯拉埃尔斯 JOZEF ISRAËLS（1824—1911）

继早年在荷兰学画后，伊斯拉埃尔斯又到巴黎深造，在那里看到了巴比松派画家的户外油画作品。1872年伊斯拉埃尔斯定居海牙，1875年到1878年间担任艺术家协会普赫利工作室的主席。伊斯拉埃尔斯被认为是海牙画派的杰出代表，在国际艺术品市场上，他那些描绘日常生活的风俗画作品极受欢迎。凡·高很欣赏伊斯拉埃尔斯，认真研习他画作中的光影与色调渐变等技法。凡·高开始画《吃土豆的人》时，就受到了伊斯拉埃尔斯的启发，因为伊斯拉埃尔斯有些作品描绘过劳动者一家围坐桌边用餐的场景。此类作品凡·高应该看过不少，因为伊斯拉埃尔斯的画就是委托了古比尔画廊出售。

何诚实地劳作，凭双手挣取食物。”至于人物的面容，凡·高则师法米勒，米勒画的农民在凡·高看来无可挑剔。凡·高不是要寻求美，而是要刻画“粗糙扁平的面孔，低前额，厚嘴唇，米勒式饱满、不灵巧的嘴唇”。模特面相的粗陋被凡·高刻意放大，因而画中人物看起来特别粗笨。19世纪，面相学和颅相学流行，这类伪科学使人们总认为乡下人长得粗陋不堪。左拉的小说《萌芽》对矿工的描写也促使凡·高这样描绘农民的相貌。

右图:《吃土豆的人》人物手部细节草图之一。

上图：《吃土豆的人》，这是凡·高初次尝试“巨制”。他自己很满意这幅作品，甚至制作了石版画（下页图）分赠给许多潜在藏家。

初步成稿后，凡·高在画室里不停地对人物再加工：“头部都已画好，甚至可以说一丝不苟地完成了。可我立刻又再涂颜料上去，一遍又一遍，现在他们看上去就如一颗脏兮兮的土豆，当然是没削皮的土豆。”尽管画面的粗糙让凡·高顾虑重重，但他同时也为自己的创作激动万分。1885 年 4 月，凡·高向提奥坦陈心迹，他想让弟弟帮他在巴黎出售这幅作品并借此打入国际画坛。当时的凡·高壮志满怀，制作了《吃土豆的人》的石版画，分赠给朋友和潜在的买家，但等来的回应却让他痛苦失望。他的朋友拉帕德批评这幅画人物笨拙、构图别扭。凡·高难以接受这样的评价，二人因此关系破裂。提奥也很为难，完全不知该拿这幅阴沉粗犷的作品怎么办，因为当时的艺术正朝着与这种风格截然相反的方向演进。

而凡·高对自己这幅早期巨作的信心从没有过动摇，那些负面评价也几乎没有削弱他的锐意进取之心。1885 年秋天，凡·高越来越不能忍受布拉班特的闭塞，想要逃离。他打算重启以前的计划，丰富技巧方面的知识。12 月，凡·高前往比利时，到安特卫普美术学院学习。他在那里接触到了其他艺术家和新鲜的艺术理念，但学院派的训练与他的想象有所出入。待了不到 3 个月，他便搬去巴黎了。

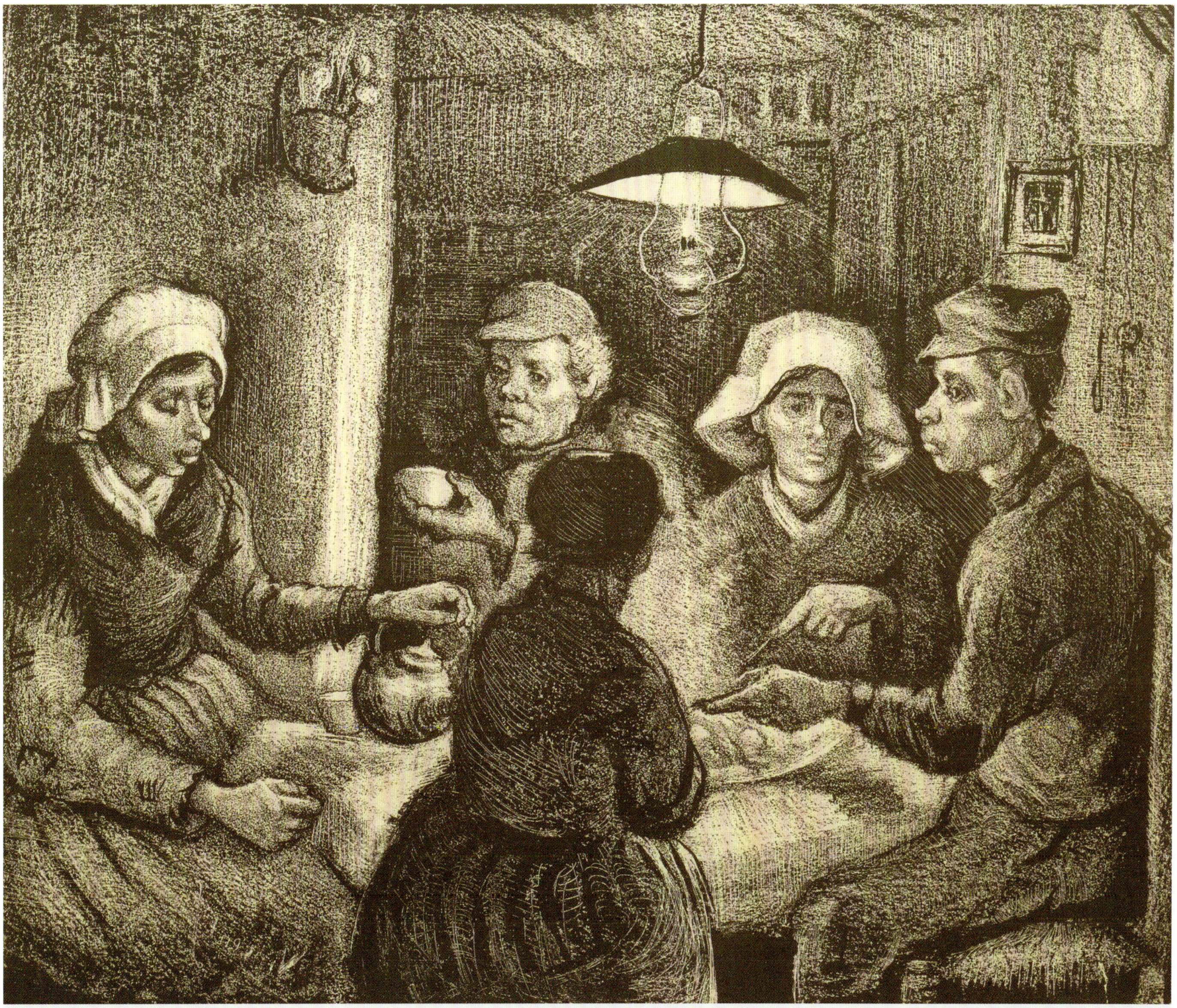

卖画

随着凡·高对自己的画越来越有信心，他便越发期待作品能卖出去。每次完成一组作品后，他都会交给在巴黎的弟弟提奥。这既是因为提奥每月都给凡·高生活费，也是因为凡·高深知巴黎的艺术品交易市场是当时最有影响力的。当凡·高得知提奥没法在古比尔画廊展卖他的作品时，他就让弟弟把作品拿去给其他不如古比尔出名的画商。提奥也确曾说服过几个画商，但凡·高的作品并没有因此找到买家。

到巴黎去

1885年，凡·高两兄弟已多次讨论过凡·高是否要搬去巴黎。最后，提奥还是觉得搬到巴黎的计划应该再搁置一下。提奥知道二人同居并不容易，因为他的公寓太小，住不下两个人，而且自己工作太忙。提奥可能也考虑到，刚画完《吃土豆的人》的哥哥来巴黎能否有好的发展。

所以不难想象，1886年3月初收到凡·高便条的提奥该多么惊讶，他满以为哥哥还在安特卫普，谁知便条上凡·高竟说自己已到巴黎并约弟弟在罗浮宫碰面。提奥当然让哥哥住进自己家里，而且几个月内就换租了一套更大的公寓，公寓里有个房间专门给凡·高当画室。新公寓在蒙马特尔高地，离提奥工作的画廊不远。当时巴黎城市扩张，不断吞并周边农村地区，蒙马特尔正处于城镇化的转型期，在它的边缘地带仍能找到菜园、农田等农村景物。不过，曾是当地特色景观的风车磨坊已经失去了原有的功能，不少磨坊被用作娱乐场所。有些更是成了远近闻名的声色之地，红磨坊和煎饼磨坊就是两个最出名的歌舞厅。

凡·高虽然也没少光顾蒙马特尔的歌舞厅，但他的画里却少有歌舞升平，他关注的还是当地逐渐消逝的乡村特色。他画菜园，画农田，画花草，也画过日间的煎饼磨坊——煎饼磨坊白天并不营业。蒙马特尔山上视野宽广，凡·高从山上俯瞰的

上图：凡·高用明亮的色彩画过许多石膏像油画习作。

左图：人们漫步在杜伊勒里花园的大树下。

对页图：蒙马特尔的菜园，其背景是一个传统的风车磨坊。

费尔南德·科尔蒙 FERNAND CORMON（1845—1924）

知名画家费尔南德·科尔蒙是巴黎国立高等美术学院的教师，擅长历史画和东方主题的画作。科尔蒙在职业生涯中多次得到官方委托，为公共建筑创作装饰壁画。他还在蒙马特尔设立私人画室，有志学画的年轻艺术家可以来画室临摹石膏像，也有机会画真人模特。科尔蒙会定期给学生建议，此外，画室恰当地保持着轻松的氛围鼓励学生之间交流互助。凡·高以前就听说过科尔蒙画室，在安特卫普也遇到了几个曾在科尔蒙画室学习的艺术家。

角度画过巴黎城的片片屋顶。在巴黎的两年间，他还四处游走寻找创作主题。到印象派画家也去采风过的杜伊勒里花园，画树下漫步的人们；远足到巴黎市郊，画巴黎的老城墙、旧堡垒，也画塞纳河河岸与远处的田野。

在巴黎的第一年，凡·高去了巴黎国立高等美术学院费尔南德·科尔蒙（Fernand Cormon）教师的私人画室学习。凡·高离开荷兰，主要希望在人物素描方面有所长进，而安特卫普并不能令他满意。在科尔蒙画室，他练习画石膏像素描和油画，但好像也只持续了短短数月。可能是因为凡·高意识到这种环境下能学到的东西自己已经知道了大半，或者是因为巴黎有那么多新奇玩意儿，凡·高哪有耐心坚持这样的练习。不过从另一方面来说，科尔蒙画室对凡·高来说又是意义重大的，在这里他认识了许多年轻艺术家，埃米尔·伯纳德（Emile Bernard）、路易·安克坦（Louis Anquetin）、约翰·彼得·罗素（John Peter Russell）和亨利·德·图卢兹-劳特累克（Henri de Toulouse-Lautrec）等，他们都和凡·高成了终身至交。这些人在一起探讨艺术，举办画展，去巴黎各处写生，也一起投身到艺术界最前卫的潮流中去。

上图：凡·高与提奥的公寓在蒙马特尔山上，可以看到绝佳的巴黎城景色。此画是凡·高来巴黎的最初几个月里创作的。

对页图：凡·高画过好多幅明丽的水彩表现巴黎的市郊和城墙。

埃米尔·伯纳德 EMILE BERNARD（1868—1941）

埃米尔·伯纳德生于法国北部的里尔（Lille），16岁就去科尔蒙画室学画。他画画和写作都很有天分，乐于尝试新的艺术理念，也渴望探索新的艺术语言。正是在科尔蒙画室，伯纳德与凡·高相遇，两人经常一起作画。凡·高搬去法国南部后，友谊未曾中断，不但书信频频，也常交换各自的作品。起初，总是意气风发的年轻人伯纳德鼓励凡·高实验新的绘画形式；后来，凡·高倒指导起了他这位年轻朋友。

凡·高给弟弟提奥的信，1886 年 3 月 1 日

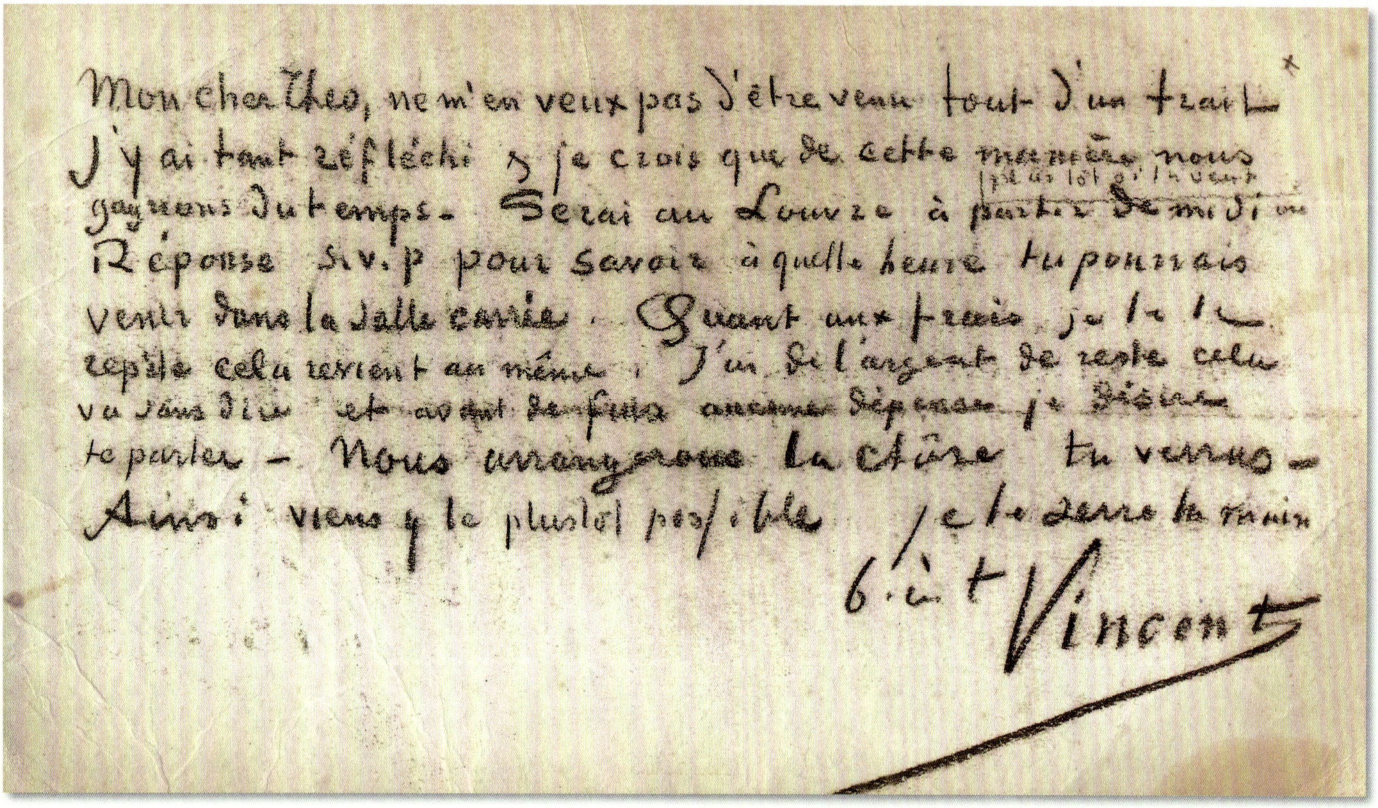
Mon cher Theo, ne m'en veux pas d'être venu tout d'un trait
J'y ai tant réfléchi & je crois que de cette manière nous
ou plus tôt si tu veux
gagnons du temps. Serai au Louvre à partir de midi ou
Réponse s.v.p pour savoir à quelle heure tu pourrais
venir dans la salle carrée. Quant aux frais je te le
répète cela revient au même. J'ai de l'argent de reste cela
va sans dire et avant de faire aucune dépense je désire
te parler. Nous arrangerons la chose tu verras.
Ainsi viens y le plustôt possible je te serre la main
t. à t. Vincent

我亲爱的提奥，

别生我气，我已自作主张到巴黎来了。想了这么久，我觉得还是直接来吧，这样反而省下不少时间。中午后我会在罗浮宫，如果你想早点也可以。一定要回复我啊，告诉我什么时候你能到方形沙龙大厅。至于开销，还和之前一样。我还有些余钱，在和你商量之前我一分也不会花出去，这自然是不用说的。我们会理出个头绪来的，所以尽快来找我吧。握你的手。

你永远的文森特

上图：1886 年 3 月初，凡·高来到巴黎，送了这张便条去通知提奥。

插图菜单

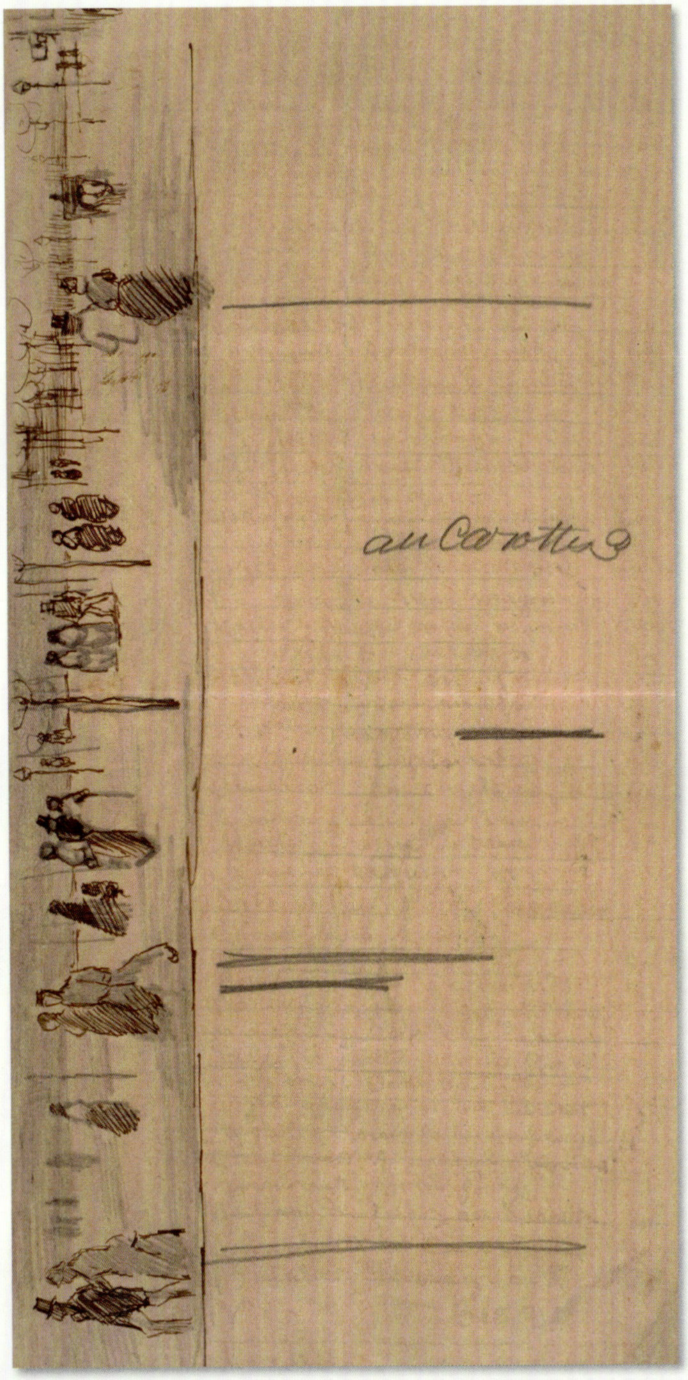

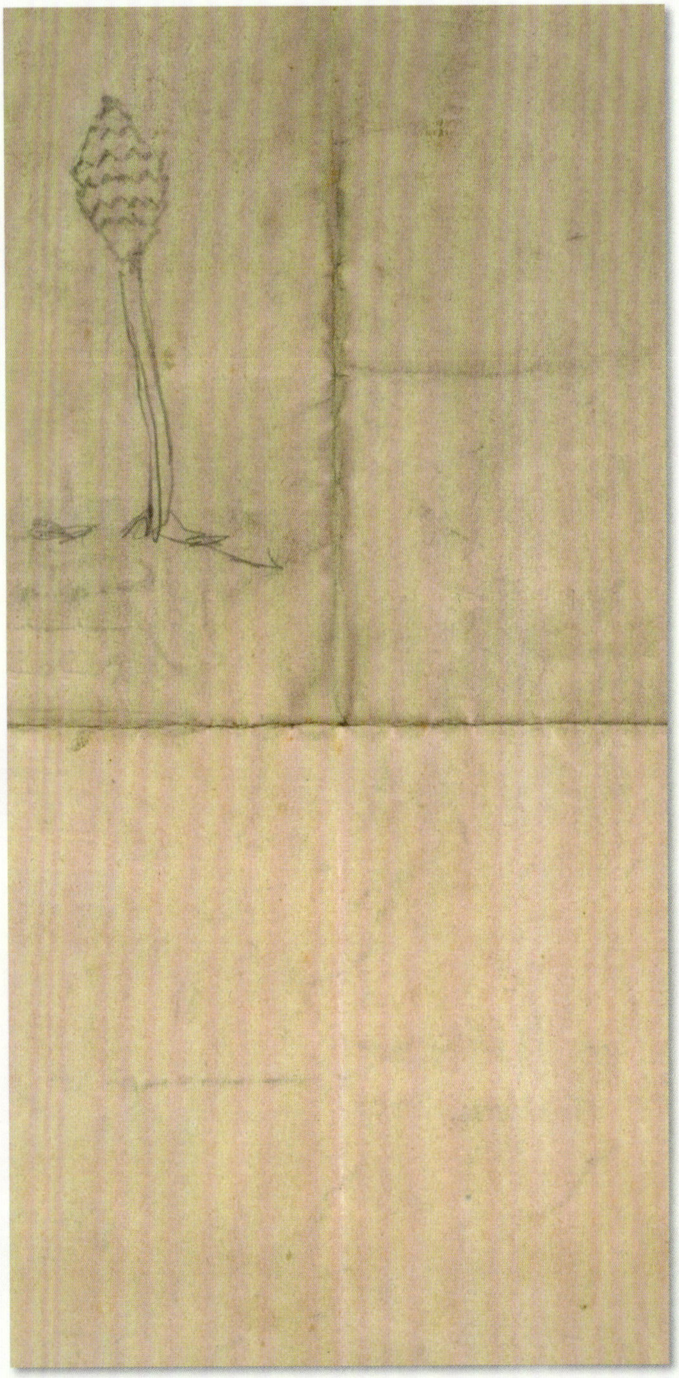

上图：1886 年 4 月 8 日晚，凡·高为一家餐馆的老板制作了这份画有插图的菜单。菜名可能是在画好图后写上去的，因为用的墨汁很快褪色，现在已经几乎看不到文字了。

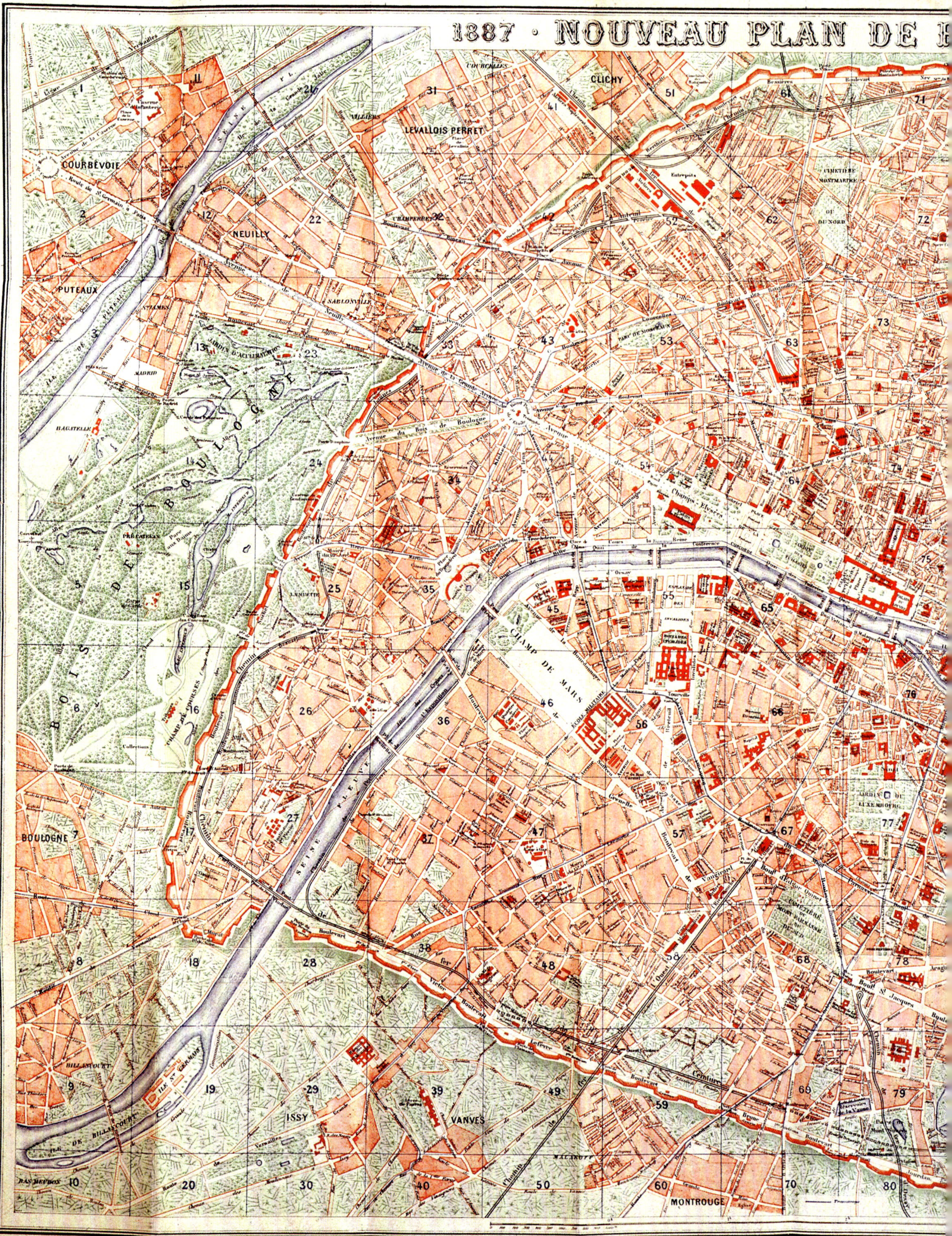

Gravé et imprimé par ERHARD

LANÉE EDITEUR GÉOGRAPHE, 8 RUE DE LA PAIX

巴黎地图

左图：这幅当时的巴黎地图标有蒙马特尔的勒皮克街（Rue Lépic），1886 年凡・高和提奥两兄弟就住在这条街上。

新方法　新风格

左图：这幅《蜀葵》是凡·高早期的花卉静物作品之一，他由此开始对色彩的探索。这里用了非常柔和的红绿对比色。

右图：凡·高画的插紫菀花和小洋花的花瓶，红色背景。

年轻的凡·高在19世纪70年代做艺术经纪人时曾旅居巴黎，这座城市对他而言并不陌生。但对于这里勃发的当代艺术，凡·高却一无所知，他的参照系仍局限于古典大师，巴比松画派、海牙画派以及那些学院派画家。那时莫奈、德加、毕沙罗已是名噪一时的先锋画家，提奥对他们倾心已久，而凡·高却还没看到过他们的画作。在此之前，提奥曾试图向哥哥解释印象派画家在做些什么，但凡·高并不理解提奥在说些什么。提奥将会带哥哥去看5月15日的那场最新的印象派画展，并把自己欣赏的几位画家介绍给他。不过等到凡·高去看展的时候，以用粗放笔致捕捉光线变化著称的印象派风头已经减弱，又有新潮滚滚而来。就在这同一场画展上，乔治·修拉（Georges Seurat）展出了巨幅布面油画作品《大碗岛的星期天下午》（*A Sunday Afternoon on the Island of La Grande Jatte*），这幅画招来了公众的骂声，可艺术家同行们都为此感到欢欣鼓舞。修拉选择了印象派的典型主题——在塞纳河畔的大碗岛上消闲漫步的人们，无数细密的纯色色点有如交响乐的音符般交织着构成画面。一位欣赏这种风格的艺术批评家将之命名为“新印象主义”。修拉的作品在大众眼中怪诞不经，但许多画家却认为它代表着新的方向。此前，关于如何系统地运用色彩和笔法进行的旷日持久的讨论，现在修拉似乎找到了一个方案。

巴黎大多数前卫艺术家接触印象主义已有一段时间，或是有

欧仁·德拉克洛瓦 EUGÈNE DELACROIX（1798—1683）

德拉克洛瓦童年时就展露出了绘画天赋，1815年起在巴黎接受美术训练。到了24岁，德拉克洛瓦凭借《地狱中的但丁和维吉尔》（*Dante and Virgil in Hell*）一画得到大众认可。他成了19世纪最负盛名的画家之一，以大胆夸张的构图著称，特别是那些受北非之旅启发的东方主题的油画作品。人们称颂德拉克洛瓦的用色具有革命性，他的色彩是19世纪下半叶艺术新风尚的一块基石。与许多画家一样，凡·高也被德拉克洛瓦所吸引，在自己的油画创作中尝试着运用德拉克洛瓦的方法。到了法国南部后，凡·高开始探索强烈的光与色，那时他就是以德拉克洛瓦为向导的。

顶图：这幅《雏菊与罂粟花》作于1887年，是凡·高在巴黎期间最绚烂多彩的作品之一。色彩鲜亮明媚，笔触从容自然。

上图：这幅美妙的花卉静物出自埃德加·德加之手，凡·高通过弟弟提奥知道了德加，对他的作品倾慕不已。

所了解，或是亲自实验，但新印象主义对他们来说则是一股新风。而对凡·高来说，这一切是突然发生的，两股潮流同时向他涌来。他来到巴黎时毫无思想准备，接触这些新兴艺术风格时也完全没有意识到它们之间前后相继的历史关联。等凡·高终于从震惊中回过神来（这花了他不少的时间），他知道自己也必须改变，如果他想在当代画坛占领一席之地，就必须弃用沉郁的色彩。

最初，凡·高把主要精力放在色彩上，画了许多花卉主题的静物画。在巴黎的两年间，他在调色盘里换上了鲜亮的颜色，并且尝试了许多当时流行的绘画技巧。一开始，凡·高用色偏于保守，作品显得呆板无趣，但他慢慢越来越放得开，色彩越发张扬热烈起来，如《雏菊与罂粟花》（见第 43 页）。花卉主题

左图：从这幅描绘塞纳河小船的画可见凡·高已经掌握了新印象派的用色与主题。

对页上图：1886 年乔治·修拉的大幅油画《大碗岛的星期天下午》标志着新印象主义的到来。

印象派画家
THE IMPRESSIONISTS

1874 年，克劳德·莫奈展出一幅油画《印象：日出》，题名中的“印象”二字就是文艺评论家将莫奈和他的同行称为“印象派”的由来。那时，这批画家已经探索了一段时间，在风景画传统和德拉克洛瓦用色的基础上走出了一个新方向。印象派画家特别专注于表现室外风景和现代生活的方方面面，他们的油画以松散的笔触捕捉变动的光影。受到日本浮世绘艳丽色彩的影响，印象派画家作画偏向选用明亮的颜色，强化色彩因素，偏爱纯色调。

在当时并不罕见，静物画在 19 世纪也很受欢迎。除了印象派画家的静物画，凡·高还可以参考欧仁·德拉克洛瓦（Eugène Delacroix）早期的作品，那是所有探索色彩的艺术家都绕不开的灵感之源。由于花卉静物画很受欢迎，凡·高难得地在好多幅作品上都签了名，还把画拿到一些艺术经纪人那里。他希望可以卖出几幅画，或者至少能交换来其他艺术家的画作。

凡·高在色彩方面越来越得心应手，接下来便开始在绘画主题上向印象派靠拢。他表现阳光照耀下的满地鲜花，他描绘塞纳河上的小船，他画下城里城外公园里的景象。尽管凡·高选择这类主题，却并不严格遵循印象派的路数。比如，那幅《塞纳河上的小船》（*Two Boats on the Seine*）在印象派随性的笔法之外，画面上还有一道亮红色的边框，若不是受修拉和日本版画的影响，这道边框将是不可想象的。修拉某些作品的画面上打着装饰性边框，而凡·高钟爱的日本浮世绘也是如此。凡·高还在画中系统地运用强烈的色彩对比，这显然是“新印象主义”的理念。

凡·高不仅能和科尔蒙画室的朋友们探讨时下新潮，还与

乔治·修拉 GEORGES SEURAT（1859—1891）

修拉 15 岁开始学画，1878 年进入巴黎国立高等美术学院学习过一段时间。从 80 年代初开始，修拉对色彩的属性越来越着迷。他学习德拉克洛瓦的作品和文章，也研读 19 世纪关于光和色的科学著作。为了提升自己作品的亮度，修拉把未经调色的纯色小点画到画布上，色点反光，在观者的视觉中混合产生特别的色彩效果。修拉的作品因此显得明艳活泼，与印象派的作品大相径庭，得到多数艺术家同行的欣赏。然而修拉 31 岁时因患白喉英年早逝，他在绘画理论方面的探索也戛然而止。

比他年长很多的卡米耶·毕沙罗（Camille Pissarro）交流。当时毕沙罗的经纪人是提奥，他们一家与凡·高两兄弟都走得很近。毕沙罗是最早那批印象派画家之一，后来在修拉理念的影响下改变了画风。凡·高还结识了修拉的挚友保罗·西涅克（Paul Signac），他是新画法的引领者，两人常一起写生作画，西涅克教给了凡·高新印象主义的基本色彩和笔法。凡·高画了不少纯粹的点彩画，但这种细致的短笔触点描方法极度考验耐心，与他随性挥洒的作风难以调和，他更偏爱长笔触或是混合应用多种技法。西涅克的无政府主义倾向与凡·高的现实关怀产生了共鸣，因此这段友谊对凡·高意味着很多。两人经常选择表现时代发展的主题，如城郊工业区、新建筑和工厂等。

巴黎郊区阿涅尔（Asnières）离蒙马特尔不远，既有摩登建筑，又有自然风光，可以入画的素材多种多样。凡·高常去阿涅尔写生，画的最多的就是阿根森公园。在这组作品尺幅最大的一幅画上，凡·高综合了自己当前的各种创作理念，将新印象主义的色彩对比与他自己的流畅笔触相结合，画面上还巧妙地分布着两对人物。情侣是凡·高这以后几年的作品中一再出现的浪漫元素。画家本人显然很满意这幅作品，特别放置在修拉和西涅克的画作旁边展出。

顶图：凡·高这幅大作《阿根森公园的情侣》（*Couples in the Voyer d'Argenson Park at Asnières*），采用了新印象派的色彩对比。

上图：凡·高巴黎市郊工业区系列作品之一。

上图：凡·高画的巴黎北部的克利希大道，一幅现代城市生活的图景。保罗·西涅克也曾表现过同一片区域，他经常同凡·高一起出去写生。

保罗·西涅克 PAUL SIGNAC（1863—1935）

出生于富裕之家的画家西涅克基本是自学成才，他一开始追随的是印象派。1884 年独立艺术家协会（Société des Artistes Indépendants）成立时，西涅克遇到了乔治·修拉，随后于 1886 年转投于新印象派门下。不同于内敛的修拉，西涅克能言善辩，因而成了新印象主义的代言人，与法国和比利时的艺术家、作家建立起多重联系。西涅克积极地同许多艺术家分享自己的艺术热情，凡·高也是其一，他因此最直观地接触到了新印象主义。后来凡·高离开巴黎，与西涅克的友谊却不曾中断。1889 年初凡·高在阿尔勒精神崩溃，西涅克还前去探望。

自画像

巴黎时期是凡·高自画像创作的一个高峰。这些自画像多数画幅很小，有些是素描的草图，有些是半成品，有些甚至画在他从荷兰带来的旧作背面。一方面，凡·高画自画像似乎是为了练手，打磨新接触到的技法，毕竟画自己意味着有个耐心的模特随时恭候，提笔即可创作。另一方面，这批自画像中不乏大作，不仅从尺寸上来说较大，更重要的是画家本人在作品上投入了大量精力。凡·高通过自画像记录了他个人的境况，不同的画像反映了他身份的转变，标志着他对现代主义艺术的追求。

最开始，凡·高把自己表现为19世纪传统的绅士画家，比如有幅作品中他坐在画架后面，这种形式让人想起他著名的荷兰同胞伦勃朗的一些自画像。在布拉班特时的农民装束换成了西装、衬衣和领带，凡·高不再是农民中的画家。他现在住进了巴黎城里，因为弟弟是成功的生意人和艺术经纪人，于是他的着装也相应地改变了。

随着凡·高深入接触先锋艺术，自画像中的自我表达也不断变化。圆顶硬礼帽换成了草帽，身上披起画画专用的罩衫。我们可以想象，投身印象派的凡·高带着画架来到郊野，捕捉那跃动在林间树梢的日光。而另一幅自画像则是新印象主义风格，这幅小尺寸作品中，凡·高以新印象主义的色彩对比原则和典型笔法细致描绘了头部。而在《戴灰色毡帽的自画像》（*Self-Portrait with Felt Hat*）中，凡·高做了新实验，尝试运用各种方向的笔触，后来他到法国南部进一步发展了这种极富表现力的技法。

1888年2月凡·高离开巴黎。出发前，他又画了幅大的自画像，画中的凡·高再次站到了画架后面。相同姿势的两幅自画像，前后相隔不到两年，竟形成如此惊人的对比。凡·高已不是荷兰时期那个用色沉郁的传统画家，他俨然已是一名先锋艺术家，自信满满地经营着自己的新身份和新风格。张扬的

凡·高肖像

凡·高在巴黎期间，画家朋友们给他画过几幅肖像画。初到巴黎那年，凡·高在科尔蒙画室结识的澳大利亚画家约翰·彼得·罗素（1858—1930）为他画像。这幅画像色调偏传统，深得凡·高喜爱，那时凡·高还不适应现代派的用色。不过，即便凡·高自己的风格转型后，他对罗素这幅作品却依然很欣赏，这在他1889年写给弟弟的一封信中表达得很明确。两位艺术家联系不断，后来凡·高还把在南部创作的油画作品的素描图寄给罗素，报告自己的进展。

对页图：这幅印象主义风格的肖像中，凡·高是一位头戴草帽去户外写生的画家。

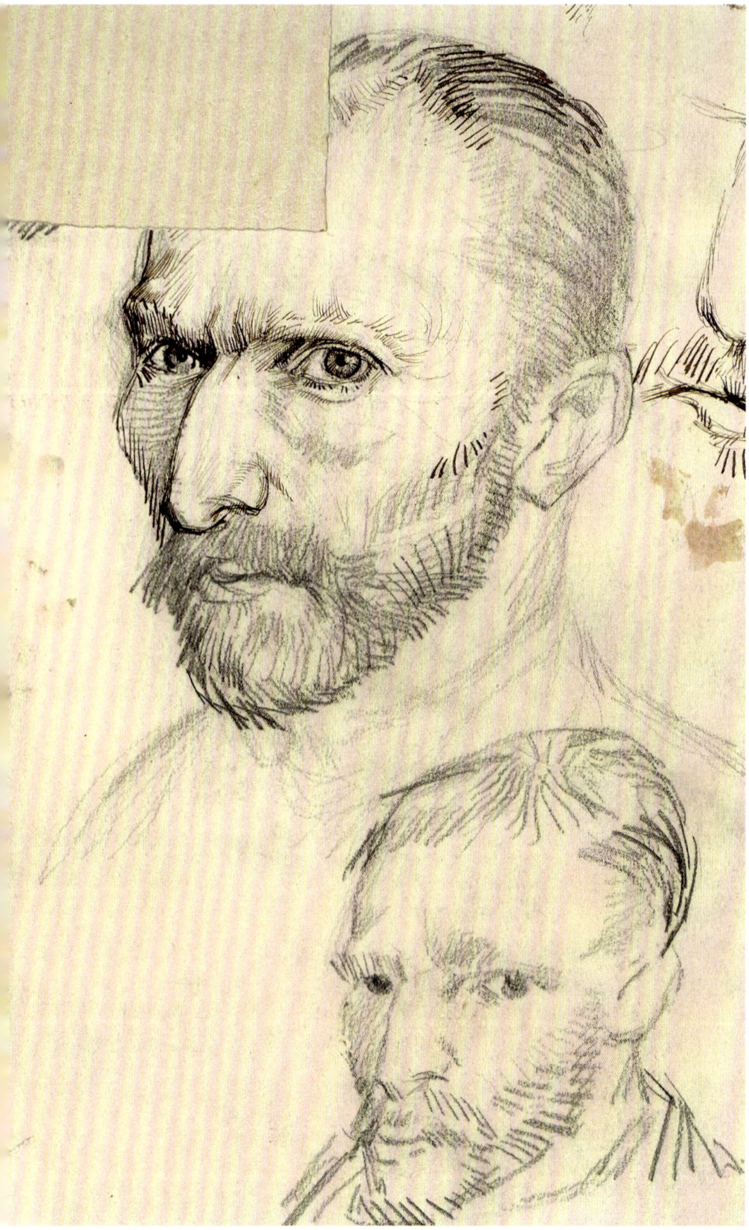

图卢兹-劳特累克画的凡·高色粉肖像

1886 年，亨利·德·图卢兹-劳特累克与凡·高在科尔蒙画室相遇，那时他们同为画室的学员。图卢兹-劳特累克出生在法国南部一个古老的贵族家庭，之后来到巴黎学画。他活泼聪慧，凡·高则严肃而富有激情，但两人对艺术的新发展都很感兴趣。图卢兹-劳特累克邀请凡·高参加自己画室的每周聚会，他一直很欣赏凡·高的作品，在凡·高搬去南部后仍持续关注。图卢兹-劳特累克在巴黎为凡·高作的这幅肖像反映了二人对于色彩的共同兴趣，也表现出凡·高的生命和作品所蕴含的强烈激情。

色彩、现代的笔触和画上显眼的红色签名无不显示着凡·高在巴黎艺术界的独特位置。

离开法国首都后，凡·高只画过寥寥几张自画像，但每一幅他都高水平地定义了自己的现代主义风格。比如，记录下他自残行为的《绑绷带的自画像》(*The Self-portrait with Bandaged Ear*）着意于强烈的色彩对比，而持调色盘的那幅自画像则表现了他虽受疾病之苦，却仍充满创作冲动。

左图：凡·高 1888 年离开巴黎时所作，站在画架后的自画像。

对页图：这幅早期自画像用了传统的暗色调，画中人身处画架后，披外套、戴帽，眼神犹豫地看向画外人。

次页图：在阿尔勒与圣雷米凡·高虽也出品过几幅自画像佳作，但他的大多数自画像是在巴黎创作完成的。《画架旁的自画像》(*Self-portrait with Easel*）和《戴灰色毡帽的自画像》作于巴黎。《绑绷带的自画像》是 1889 年初凡·高从阿尔勒的医院出院后创作的首批作品之一。《拿调色板的自画像》(*Self-portrait with Palette*）则是他在圣雷米时期的作品。

先锋派

在巴黎，凡·高意识到自己若要立足当代艺坛，必须多管齐下。他要熟悉美术界的新趋势，要换用更明亮的色彩，也要更努力地为自己、为先锋艺术家们在巴黎艺术市场上开辟一片天地。凡·高与同行采风和聚会时，比如在图卢兹-劳特累克画室的每周一聚，艺术家同人在一起讨论如何成名、如何卖画绝不少于讨论画画本身。

初来乍到的新人凡·高首先要站稳脚跟。提奥是凡·高的一大优势，他在巴黎响当当的艺术品交易公司担任经理，并且对当代艺术充满了兴趣。因为这层关系，不少艺术家都有意结识他们兄弟两个。凡·高偶尔也会借助弟弟的身份结交其他艺术家。此外，兄弟俩也已开始收藏当代艺术作品。提奥从图卢兹-劳特累克、高更（Paul Gauguin）、修拉等人手里买入作品，凡·高则与同行交换作品。

除了弟弟的人脉，凡·高自己也迈出了重要的一步。他物色了一些画商，希望他们对自己的作品感兴趣。凡·高听说有位叫“唐吉老爹”（Père Tanguy）的画材商很支持新兴艺术家，便去他店里买颜料、画布。在唐吉老爹那里，潦倒的画家可以以画抵账，所以店里常有画家出没，也能看到各式画作。唐吉老爹还在橱窗摆放一些未成名画家的作品，可以说这些画家的首展就办在唐吉老爹小店的橱窗里。凡·高的另一位贵人是亚历山大·里德（Alexander Reid），这位苏格兰画商的儿子当时正在巴黎学习经营艺术生意。凡·高画了多幅里德的肖像，还送过他一幅。尽管送礼是为答谢里德做模特，但这份礼物帮助凡·高的一幅作品找到了一位英国（画商）买家。

凡·高还积极筹办美术展，亲自组织也亲自参展。因为与铃鼓咖啡馆（Café du Tambourin）的主人交情不浅，凡·高曾在这里展出他从各处收集来的日本版画，他还在铃鼓咖啡馆办过个人作品展。而1887年末，凡·高在克利希大道（Boulevard de Clichy）一家餐厅里办的那场展览，场面更大。在宽敞的餐

顶图：凡·高将这幅苹果静物画题献给了毕沙罗的儿子吕西安，他和吕西安时常交换作品。

上图：凡·高为亚历山大·里德画的肖像画之一，里德是一位苏格兰画商的儿子，当时在巴黎学做生意。

右图：《芒果采摘（马提尼克岛）》（*Among the Mangoes in Martinique*）这幅油画是高更 1887 年游马提尼克岛时所作，为凡·高和提奥兄弟俩收藏。

下右图：提奥向乔治·修拉买下这幅精致的咖啡馆歌女素描作为收藏。

朱利安·唐吉（"唐吉老爹"）JULIEN "PÈRE" TANGUY（1825—1894）

唐吉老爹在蒙马特尔的克劳泽尔街经营画材店。渐渐他的小店成了画家、画商和艺术收藏者的据点，他们常来这里接触、探讨美术界的新潮流。唐吉和凡·高相识相交，两人的友情深厚而持久。凡·高为唐吉画过几幅肖像画，也曾租用他店里的空间存放自己的作品。提奥和凡·高去世后，提奥的遗孀委托唐吉出售凡·高的许多作品。因此，直至 1894 年唐吉辞世，大量凡·高的画作都是从他店里流出的。

提奥与现代艺术

提奥·凡·高升任古比尔画廊某分部的经理后，继续打理着巴比松画派和其他名家的作品，这块是他们公司最风生水起的业务。但不久后，他也开始推崇德加、毕沙罗和莫奈等几位印象派画家。后来提奥又进一步扩充了这个先锋派艺术家名单，因为凡·高把包括保罗·高更在内的几位艺术家友人介绍给了弟弟。提奥还资助凡·高南下，并帮他打点巴黎的事务。凡是有人对凡·高作品感兴趣或是邀他参展，提奥都会及时传达消息，巴黎的情况也会及时告知凡·高。

左图：这幅油画表现的就是克利希大道那家餐厅的室内环境，凡·高在这里为自己和朋友们举办过一场大型画展。

下图：凡·高画的铃鼓咖啡馆室内场景，他在这家咖啡馆办过好几场画展。

厅里，凡·高安排展出了埃米尔·伯纳德、路易·安克坦、保罗·高更等艺术家的作品。这次展览引发了艺术界人士的关注，伯纳德和安克坦的画作就是在这里第一次卖出，而高更、凡·高也和别人交换了画作。除了自己组织的展览，凡·高还参加了在蒙马特尔新开的自由剧院里的一场小型新印象派美术展，也准备选送自己的早期作品参加 1888 年的“独立艺术家沙龙”（Salon des Indépendants），他那些印象派、点彩派和新印象派的同行都曾参加过这个一年一度的前卫展览。

巴黎的先锋艺术派系林立、竞争激烈，各派别争夺大众关注，艺术家个人争拔头筹，理念之战硝烟不断。在这种氛围下，凡·高坚信抱团合作有利于突出重围，于是他给自己所在的圈子起名为“小林荫道画家”（“Painters of the Petit Boulevard”），以区别于“大林荫道画家”（“Painters of the Grand Boulevard”），即那些已有所成就的上一代印象派画家。“小林荫道画家”特指凡·高和他朋友们这群仍在不断探索求新的艺术家。离开巴黎后，凡·高继续积极策划美展，制定市场策略，以确保自己和“小林荫道画家”在先锋艺术各派中的地位。正是怀着这份志向，南下后的凡·高在艺术的田地上细细耕耘、勤勉精进。

铃鼓咖啡馆海报

左图：凡·高经常光顾铃鼓咖啡馆，在那里组织过好几场画展。这张海报标示着铃鼓咖啡馆的特色餐点，招徕顾客。

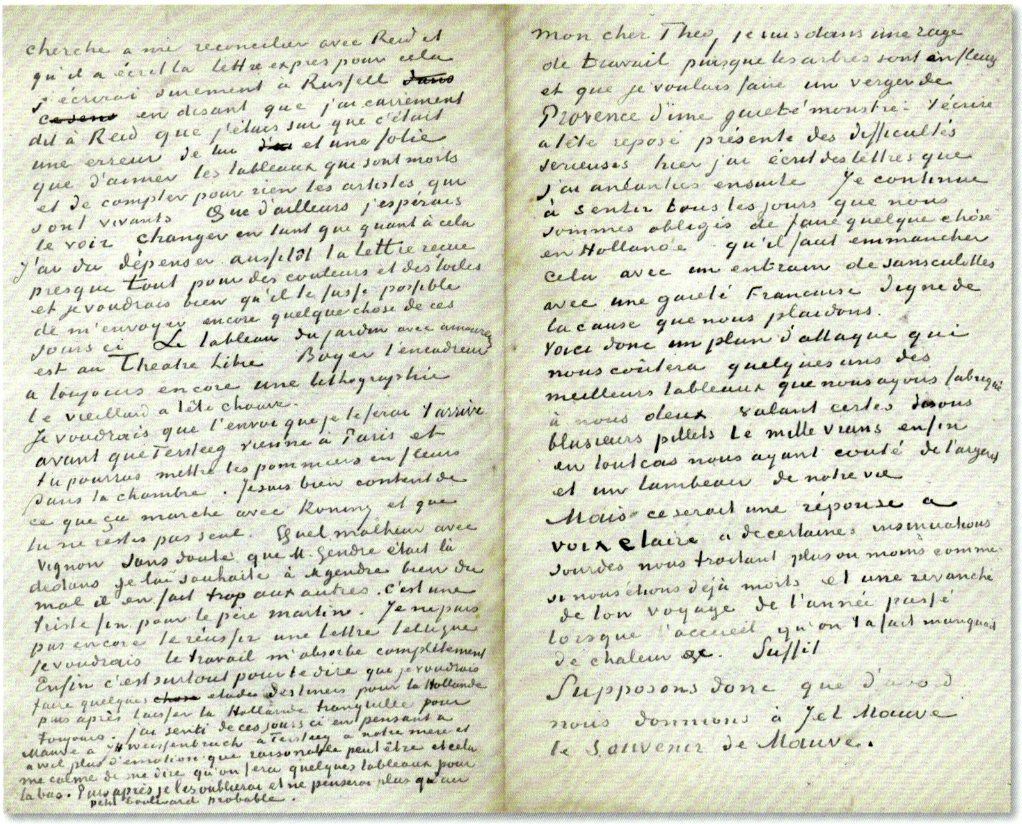

cherche à me réconcilier avec Reid et
qu'il a écrit la lettre exprès pour cela
J'écrirai sûrement à Russell ~~dans~~
~~certains~~ en disant que j'ai carrément
dit à Reid que j'étais sûr que c'était
une erreur de lui ~~de~~ et une folie
que d'aimer les tableaux que sont morts
et de compter pour rien les artistes qui
sont vivants. Que d'ailleurs j'espérais
le voir changer en tant que quant à cela
J'ai dû dépenser aussitôt la lettre reçue
presque tout pour des couleurs et des toiles
et je voudrais bien qu'il te fusse possible
de m'envoyer encore quelque chose de ces
jours ci. Le tableau du jardin avec amoureux
est au Théâtre Libre. Boyer l'encadreur
a toujours encore une lithographie
le vieillard à tête chauve.
Je voudrais que l'envoi que je te ferai t'arrive
avant que Tersteeg vienne à Paris et
tu pourras mettre les pommiers en fleurs
dans la chambre. Je suis bien content de
ce que ça marche avec Koning et que
tu ne restes pas seul. Quel malheur avec
Vignon sans doute que M. Gendre était là
dedans je lui souhaite à Agendre bien du
mal il en fait trop aux autres. C'est une
triste fin pour le père Martin. Je ne puis
pas encore te réussir une lettre [illegible]
Je voudrais le travail m'absorbe complètement
Enfin c'est surtout pour te dire que je voudrais
faire quelques ~~choses~~ études des siennes pour la Hollande
pas après laisser la Hollande tranquille pour
toujours. J'ai senti de ces jours ci en pensant à
Mauve à Weissenbruch à Tersteeg à notre mère et
avec plus d'émotion que raisonnable peut être et cela
me calme de me dire qu'on fera quelques tableaux pour
là bas. Puis après je les oublierai et ne penserai plus qu'au
petit boulevard probable.

mon cher Theo, je suis dans une rage
de travail puisque les arbres sont en fleurs
et que je voulais faire un verger de
Provence d'une gaieté monstre. T'écrire
à tête reposée présente des difficultés
sérieuses hier j'ai écrit des lettres que
j'ai anéanties ensuite. Je continue
à sentir tous les jours que nous
sommes obligés de faire quelque chose
en Hollande qu'il faut emmancher
cela avec un entrain de sansculottes
avec une gaieté française digne de
la cause que nous plaidons.
Voici donc un plan d'attaque qui
nous coûtera quelques uns des
meilleurs tableaux que nous ayons fabriqué
à nous deux valant certes dans
plusieurs petits le mille vains enfin
en tout cas nous ayant coûté de l'argent
et un lambeau de notre vie.
Mais ce serait une réponse à
voix claire à de certaines insinuations
sourdes nous traitant plus ou moins comme
si nous étions déjà morts et une revanche
de ton voyage de l'année passée
lorsque l'accueil qu'on t'a fait manquait
de chaleur ~~et~~. Suffit
Supposons donc que d'abord
nous donnons à Jet Mauve
le Souvenir de Mauve.

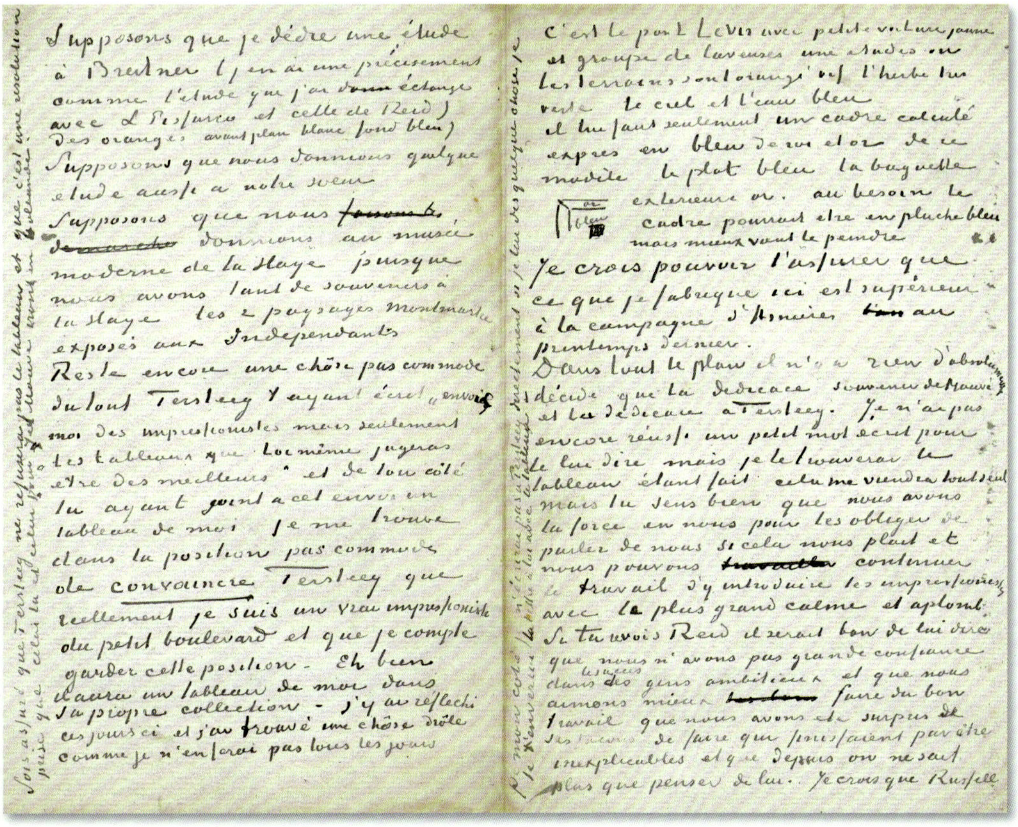

Supposons que je dédie une étude
à Breitner (j'en ai une précisément
comme l'étude que j'ai ~~donné~~ échangé
avec L Russell et celle de Reid)
Des oranges avant plan blanc fond bleu)
Supposons que nous donnions quelque
étude aussi à notre sœur
Supposons que nous ~~fassions~~
~~donation~~ donnions au musée
moderne de la Haye puisque
nous avons tant de souvenirs à
la Haye les 2 paysages Montmartre
exposés aux Indépendants
Reste encore une chose pas commode
du tout Tersteeg t'ayant écrit "envoie
moi des impressionistes mais seulement
les tableaux que toi même jugeras
être des meilleurs" et de ton côté
tu ayant joint à cet envoi un
tableau de moi je me trouve
dans la position pas commode
de convaincre Tersteeg que
réellement je suis un vrai impressioniste
du petit boulevard et que je compte
garder cette position. Eh bien
il aura un tableau de moi dans
sa propre collection - j'y ai réfléchi
ces jours ci et j'ai trouvé une chose drôle
comme je n'en ferai pas tous les jours
Sois assuré que Tersteeg ne refusera pas le tableau et que c'est une [illegible]
[illegible]

C'est le pont Levis avec petite voiture jaune
et groupe de laveuses une étude où
les terrains sont orangé vif l'herbe très
verte le ciel et l'eau bleu
il lui faut seulement un cadre calculé
exprès en bleu de roi et or de ce
modèle le plat bleu la baguette
extérieure or. au besoin le
cadre pourrait être en peluche bleu
mais mieux vaut le peindre.
Je crois pouvoir t'assurer que
ce que je fabrique ici est supérieur
à la campagne d'Asnières ~~l'an~~ au
printemps dernier.
Dans tout le plan il n'y a rien d'absolument
décidé que la dédicace souvenir de Mauve
et la dédicace à Tersteeg. Je n'ai pas
encore réussi un petit mot écrit pour
le lui dire mais je le trouverai le
tableau étant fait cela me viendra tout seul
mais tu sens bien que nous avons
la force en nous pour les obliger de
parler de nous si cela nous plaît et
nous pourrons ~~travailler~~ continuer
le travail d'y introduire les impressionistes
avec le plus grand calme et aplomb.
Si tu voyais Reid il serait bon de lui dire
que nous n'avons pas grande confiance
dans ~~des~~ les gens ambitieux et que nous
aimons mieux ~~toujours~~ faire du bon
travail que nous avons été surpris de
ses façons de faire qui finissaient par être
inexplicables et que depuis on ne sait
plus que penser de lui. Je crois que Russell
[illegible]

凡·高给弟弟提奥的信，1888 年 4 月 2 日

我亲爱的提奥：

果树都开花了，我想画普罗旺斯的果园，画出无限的光明来。我在疯狂地创作，以至于连写信时都很难保持清晰的思路。昨天我写了几封信，后来又全都毁掉了。我还是觉得我们该在荷兰做些事，而且必须带着无套裤汉[①]的那种活力开动，带着法国式的欢乐去做，必须配得上我们为之发声的这份事业。我有个计划，代价是付出你我最好的作品，当然这少说也值几张千元法郎大钞，因为无论如何都是我们花钱、花时间去完成的。这个计划将明确回应那些愚蠢的含沙射影者，他们当我们死了一样。也是为你去年那次旅程报复他们，他们的欢迎一点都不真心。我受够了。

所以，假定我们首先送一幅“纪念莫夫”的作品给杰特·莫夫。再献一幅习作给布雷特内（我有一幅习作，与之前换给吕西安·毕沙罗的那幅很像，和里德的一幅白前景蓝背景的橘子也很像）。假如我们也送一幅给姐姐，然后那两幅在独立艺术家沙龙展出的蒙马特尔风景送给海牙的现代博物馆，我们有那么多有关海牙的回忆。唯一难办的是，特斯提格写信给你说“给我寄一些印象派的画，但我只要你认为最好的作品”。你寄的时候也寄一幅我的画过去。但这又使我犯难，因为这样我就不得不去说服特斯提格，让他相信我也是“小林荫道画家”中真正的印象派，且一直以此要求自己。哦好吧，他的藏品里也会有一幅我的作品——这几天我一直在琢磨该怎么画，发现了一处奇特的景象，和我平时画的那些不同。

【写在页边】放心吧，特斯提格不会拒绝这幅画的。我决定了，这幅画和给杰特·莫夫的那幅都必须送到荷兰去。

那有座吊桥，一辆黄色马车，一群洗衣妇女，地上是明亮的橙黄，草色碧绿，天空与水面都是蓝色。这就只差一个专门定做的画框，得是宝蓝色和金色的，裱褙为蓝色，外框金色雕花；必要的话画框也可以包裹蓝色长毛绒，但最好是油漆。我真的能对你保证，我在这里的创作比去年春天在阿涅尔郊野的好得多。我们这整个计划里，没什么是完全定下来的，除了“纪念莫夫”那幅，还有献给特斯提格那件。目前我还不知道该写些什么话给他，但是画完后就自然知道该说些什么了。不过你会明白，只要愿意，我们是有实力让他们来谈论我们的，而且我们还要继续从容冷静地把印象派画家都推广出去。

如果你见到里德，最好告诉他我们对那些空想家不抱什么信心，如果真能把事情做好，我们会更欣赏他们。告诉他，他的行事风格莫名其妙，从那以后我们都不知该怎么想了。

【写在页边】我这边不会直接和特斯提格通信。如果有什么要说的，我会在寄画给你的时候把信附上。

我知道罗素想让我和里德和解，他写信来明显就是这个目的。我当然也该回信告诉他，我已经明确和里德说过他犯了个愚蠢的错误，看重没有生命的画，却轻视活的艺术家。而且我说过希望看到他改变，至少在那个方面改正。一收到你的信，我就几乎把所有钱拿来买了颜料和画布，但愿你能尽快再多送点来。公园与情侣那幅画在自由剧院展出。布瓦耶，那个农民，有一幅我的石版画:《秃头的老人》。

希望赶在特斯提格来巴黎前，你能收到我计划要寄的东西。要是你把那幅开花的苹果树挂到房间里就好啦。我很高兴你和科宁进展顺利，不是孤单一人。维尼翁真是可怜，一定是让德尔从中作梗。我只愿让德尔给别人带来的厄运也降临到他自己头上。马丁老爹的结局太悲惨了。我还是没办法给你写我想写的那种信，我的身心被工作占满了。但这封信是特地告诉你，我想专门为荷兰画一些东西。这次画完后，我们就把荷兰放下不管了。过去的几天我心里一直不平静，想到莫夫、简·维森布鲁赫、特斯提格，想到维尔、母亲，也许是我想太多了。我只好告诉自己他们会有我的画，这样子我才能安下心来。再往后我应该忘掉他们，可能只应该去考虑“小林荫道画家”的事了。

对页图：这封给提奥的信里，凡·高构想了一个在荷兰本土推广自己作品的计划。

① 编者注：无套裤汉是法国大革命时期对城市平民的称呼。

日本主义

十九世纪下半叶的法国和风鼎盛，法国人对日本艺术和装饰品推崇备至。凡·高最初了解到这股日本美学热，还是早在尼厄嫩的时候。他在艺术杂志上看到日本主题的油画，也读到了几本激赏日本艺术的小说，如龚古尔兄弟的《谢丽》（*Chérie*）。后来辗转到安特卫普，凡·高在那儿亲眼见到了日本版画，还收集了一些钉在自己房间的墙上。来到巴黎后，他又认识了一批痴迷于日本木版画的艺术家，这些人为日本版画的异国情调和审美品质所倾倒。这时的凡·高也不再停留于纯粹的欣赏，他开始思考和风如何能助益自己的创作。

凡·高临摹过许多日本版画，可见他在这方面的用功。这批习作中的翘楚是凡·高从《巴黎画报》（*Paris Illustré*）某期

右图：这幅作品基于某期《巴黎画报》的封面，凡·高使用了强烈的色彩，配上了日本浮世绘风格的异域风景。

下左图：凡·高满怀兴味地读了《巴黎画报》的一期日本专刊，并临摹了封面上的艺伎女郎。

下右图：爱德华·马奈画的法国作家埃米尔·左拉肖像，背景是日本浮世绘和一面漆屏风。

对页图：这幅《梅花盛开：仿歌川广重浮世绘龟户梅屋铺》是凡·高临摹自己收藏的歌川广重《龟户梅屋铺》而成。

日本艺术在法国

19世纪早中期开始，日本对西方国门渐开。这一时期日本艺术在法国掀起的狂热崇拜，常被称为“日本主义”。人们争相收集富有日本情调的各式物品，而日本版画，尤其自60年代以来，对西方艺术家和西方艺术影响甚巨。浓烈的色彩、清晰的轮廓、平面化构图、倾斜的视角，全都可以追溯到这股浮世绘热潮。印象派是第一批探索日本审美语言的艺术家，80年代，和风再度勃兴，盛极一时，那时凡·高正在巴黎。

上图：1888 年的油画《播种者》前景中横斜的树干使得空间变平，这是凡·高临摹歌川广重《龟户梅屋铺》得来的灵感。

对页左图：凡·高笔下的唐吉老爹如佛陀般坐于画中，背景是形形色色的日本版画。

日本特辑的封面上临摹的日本艺伎。把原画一笔笔忠实地临摹下来后，凡·高又自行在画面上添加了一个风景主题的边框，这显然是他从其他日本版画作品中得来的灵感。画面上意象并置、色彩强烈，整幅作品充满了戏剧性的张力，而另外一幅临摹自浮世绘大家歌川广重（Utagawa Hiroshige）版画的习作更是直接启发了凡·高多幅油画作品的创作。比如，他在阿尔勒画的《播种者》中那棵树的布局就和歌川广重《龟户梅屋铺》中的相似。这类浮世绘作品教会凡·高在平面上定位细节，取消画面的空间感，从而使图像平面化。当时这种技法在艺术家中间很流行，被认为是现代绘画语言的要素之一。

凡·高还把浮世绘版画画进了自己的作品里，最突出的例子就是他给画材商唐吉老爹画的肖像。画中作为背景的浮世绘和唐吉老爹佛陀般的坐姿宣告了凡·高对于日本美学的信仰，和风在他的艺术探索中越发重要起来。

凡·高的浮世绘收藏

自从在安特卫普初次买入日本版画后，凡·高到了巴黎也不忘收藏日本版画，这得到了同样感兴趣的提奥的支持。凡·高找到当时主要的日本艺术经销商西格弗里德·宾（Siegfried Bing），买下了风格各异的浮世绘作品。显然，凡·高兄弟俩曾经还做过一阵浮世绘买卖。痴迷浮世绘的凡·高也向伯纳德、安克坦等艺术家介绍了这门艺术。凡·高兄弟收集的400多幅作品目前都保存在凡·高博物馆。

熟读有关日本艺术和文化的各式文献后，凡·高形成了某些特定的理念。这些理念大都过于理想化，潜在地影响了他的艺术实践和他对于自己艺术家身份的认知度。例如，他认为日本艺术家有多人一起工作的传统，是一个目标一致的紧密团体，这种认识反映出他构建“小林荫道画家”群体的初衷。凡·高还认为，日本艺术家工作生活贴近自然，即使最微不足道之物如草叶，日本艺术家都注目凝思，以求得对自然有更多的理解。凡·高以此为模范，也到自然中去创作。此外，凡·高也相信当时流传甚广的一种观点，即日本光照资源丰富，阳光明媚，生活在那儿自然之美唾手可得，所以日本当然比灰暗阴湿的巴黎的冬天更能启发人思考美。这一切对于凡·高艺术的进一步发展影响深刻，这也是促使他南下的主要原因。凡·高想要去南方找寻他眼中典型的日本特色，那明亮的异国的光线。

Souvenir de Mauve
Vincent

阿尔勒

巴黎的日子是昂扬的，但也难免令人疲倦。两年后凡·高离开，决心南下，他最终去了阿尔勒。阿尔勒位于连接巴黎的一条铁路主干线上，交通方便。凡·高计划以阿尔勒为起点，再去往马赛等地。那时的艺术家们流行时不时地离开喧嚣都市，去宁静的他乡专心创作。住到阿尔勒，并不意味着就此切断与巴黎的一切联系。凡·高同许多艺术家仍保持通信，偶尔碰面，他也经常阅读报章杂志上的艺术新闻，并设计了种种方案想要推进当代艺术的发展，只是大多数方案都不怎么实际。

凡·高认为南方的光照与气候条件接近日本，因而有种遥远而迷人的异国感。此时凡·高一心想要巩固自己先锋艺术家的地位，所以不难理解他为何急于寻求与日本的联系，而既然没有了去日本的计划，法国南部自然是不错的替代。况且，还有不少名家和榜样都选择过相似的路径。首先就是德拉克洛瓦，这位大师因用色和情感表达在艺术界享有崇高地位。德拉克洛瓦也到过南方，一路向南直到北非，在南方找到了题材和色彩方面的灵感。另一位凡·高敬佩的艺术家阿道夫·蒙蒂塞利（Adolphe Monticelli），则一直在马赛定居。

经历了巴黎又一个阴冷灰暗的冬季后，满心盼望着阳光与温暖的凡·高来到阿尔勒，却只看到一派冰天雪地，他大失所望。几个礼拜后，春天才姗姗来迟，一时间春光四溢、满目繁华，北方的来客不期而遇、深深沉醉。鲜花盛开的果树使凡·高想起了书中写到的日本之春。他每天流连在果园里，创作了一大组油画作品，这些画作强调了凡·高现代画家的姿态。创作中凡·高采用多种不同的笔触，有时用点彩派的点描，有时是印象派的轻柔笔触，或选择扁平化的呈现方式以呼应他自己的日本趣味。至于用色，则选择奔放热烈的色彩，常常夸大了原本较为柔和的花色。然而由于颜料的问题，这一系列的不少作品都随着时光流逝褪色了，原画强烈的色彩只能依稀看到。

除去花树系列作品，凡·高也探索了阿尔勒周边的景观。

阿道夫·蒙蒂塞利
ADOLPHE MONTICELLI
（1824—1886）

蒙蒂塞利出生于马赛，立业在巴黎，一生大部分时光在家乡度过。凡·高在巴黎一位画商那儿见到了蒙蒂塞利的作品，他和提奥都相信这位艺术家必能闻名遐迩，可事实上蒙蒂塞利日后的名气远不及兄弟二人的想象。蒙蒂塞利的作品色彩绚丽，画布上颜料层层堆叠，几乎可通过触摸感觉到，凡·高对此印象深刻，这也影响了凡·高的创作。凡·高认为蒙蒂塞利延续了德拉克洛瓦在用色方面的成就："蒙蒂塞利的南方满是黄色、橙色、硫黄色。"

对页图：法国南部繁花盛开的果树是凡·高钟爱的新主题。凡·高在这幅画上题写了“纪念莫夫”几个字，追悼他往日的老师安东·莫夫。

顶图：这幅繁花盛开的春日果园图构色大胆，轮廓分明。

颜料

尽管凡·高的法国南部油画普遍色彩鲜艳，但事实上多数作品原本的色彩要比今天我们见到的更为热烈。研究表明，凡·高油画上的部分颜料由于光照已经褪色，特别是红色与粉色褪色最严重，因此凡·高营造的对比色效果便不再明显了。有时在油画的边角，因为画布被画框遮挡的缘故，还能找到接近原来效果的颜色。凡·高的大多数作品一定比我们今天看到的艳丽许多。

从作品可见，关于日本的想象始终在他脑中萦绕。《阿尔勒风景》（*A View of Arles*）的前景特写了一片鸢尾花，这种观赏自然之道也是因凡·高的日本趣味而起：“小镇被黄色紫色的花田包围，正像一个日式风情的幻梦。”凡·高找到了他在巴黎痴痴渴求的那明媚的南方的光。他在阿尔勒完成的作品浸润着日光，画布上的色彩既折射出恣肆的阳光，也表现着南方乡野的热情色调。例如，《阿尔勒的朗格卢瓦桥》（*The Langlois Bridge*）捕捉了一幅日常生活画面：马车走在一座小吊桥上，女人们跪在河边浣洗。在这明艳的画布上，凡·高用了风格化的笔触表现水和草，再次使人联想到日本木版画。此时的画家欣喜地发现，自己的南方梦竟从各个层面上丰富立体地走进了现实。

对页下图：凡·高在阿尔勒郊区发现了这座吊桥，桥边有几个浣洗的女人，他用南方明亮的色泽来表现这个场景。

上图：此画为日式风格，前景是田里的鸢尾花，背景是阿尔勒。

地中海之行

1888 年 5 月下旬，凡·高前往地中海游览。此行目的地是地中海海滨的圣玛丽（Saintes-Maries-de-la-Mer），凡·高选择这个小渔村多半是因为在报上读到这里每年五月底会举行吉卜赛人的年度庆典活动。那个年代已经有穿越卡马格地区（The Camargue）的马车，所以道路交通倒也方便。凡·高只随身带去三幅画布，因为担心海滩上的天气状况不利于创作。他的忧虑是多余的，在这趟五天的旅程里他完成了三幅油画和九张素描。回去后，这些作品又为后续的创作提供了更多灵感。凡·高早就盼着去地中海看看了，地中海多样的风情果然令他心醉神迷。他写信给弟弟："地中海有着鲭鱼的色彩，就是说，

左图：地中海变幻不定的明丽色泽令凡·高格外激动。

对页图：这幅作品是凡·高从地中海返回阿尔勒后在画室里完成的。

它在不断变幻。你搞不太清楚它到底是紫的还是绿的，甚至你也不能就说它是蓝的，因为下一刻光线一变就又带上些许的粉色或灰色。”

凡·高观察到地中海的色彩是如此丰富，便尝试着使多种颜色交织于画布上以传达地中海的感觉。《海上的渔船》(*Boats at See*)使用了蓝色、紫色、鲜绿和青绿来描画海景，以乳白中显眼的赭色表现主旨和云彩。构成对比的红色则用在帆船和签名上。除了眼前的实景，凡·高头脑中还清晰留存着对德拉克洛瓦的印象，他一向钦佩德拉克洛瓦红蓝绿三种颜色的运用。

卡马格地区 THE CAMARGUE

要抵达圣玛丽这个海滨小渔村，凡·高必须乘坐马车穿越卡马格。卡马格是一大片荒无人烟的沙地和沼泽，在这野性的风景里游荡着成群的牛、马、羊。凡·高这样写道：“从这儿到那儿有五十公里路。要穿过卡马格，草原上有成群的斗牛，还有一群群半野生的小白马，美极了。”

专注于色彩

在凡·高的这个创作阶段，色彩至关重要，地中海渔村之行进一步推动了他用色的进步。他对颜色的注重体现在每一封信里，尤其在给伯纳德的那封信里说得最明白，信中凡·高向伯纳德报告了旅途细节，还随信附寄了部分作品的草图。有几幅草图上甚至细致标明了实际画布上用了哪些鲜艳颜色。

鲜艳的色彩和生动的笔触造就了极具现代感的画面，作品传达出艺术家在海滩上创作时所感受到的冲动与热情。这种效果与凡·高回阿尔勒后在画室里完成的那幅《海滩上的渔船》大异其趣，《海滩上的渔船》表现的是平静停靠在沙滩上的船只。依偎在海滩边的那些渔家小茅屋也启发了凡·高对色彩进行大胆的夸张。作品中颜色的组合非比寻常，尽管构图忠实再现了凡·高所见之景，用色却显然刻意突出颜色对比，以产生至为生动的效果。

凡·高对此行的结果极其满意，不仅一览胜景，充分利用了新鲜题材，而且他发现自己在技巧和用色方面有了长足进步。凡·高认为这次海边之行进一步巩固了自己现代画家的定位，也证明南下的决定是正确的。在给提奥的一封谈到巴黎各先锋画派间权力地位之争的信中，他写道："现在我已经看到了这片海，也就绝对地确信，我要呆在南方，要继续积极实验夸张的色彩，这非常重要。"凡·高设想着尽快再回到地中海的海滨，创作更多的作品，但他后来再没有回去过。

对页图：渔村的一条小路，路边是茅草屋顶的低矮小屋，凡·高运用了夸张的色彩，画面十分鲜艳。

下图：这幅海边的渔家茅屋图画出了南方灼人的光和热。

凡·高给弟弟提奥的信，1888 年 6 月 2 日

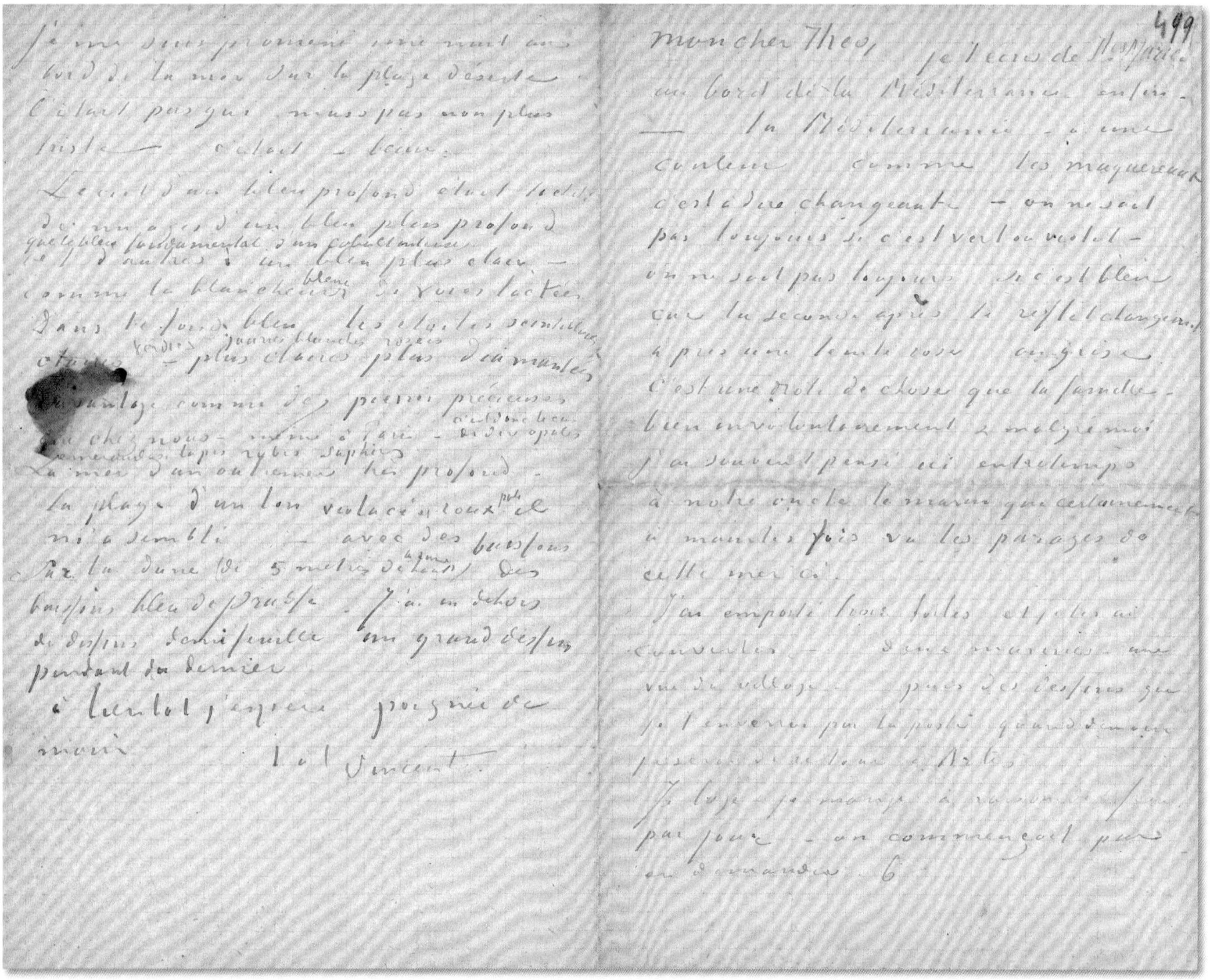

我亲爱的提奥：

终于从地中海边的圣玛丽提笔写信给你了。地中海有着鲭鱼的色彩，就是说，它在不断变幻。你搞不太清楚它到底是紫的还是绿的，甚至你也不能就说它是蓝的，因为下一刻光线一变就又带上些许的粉色或灰色。家族真是个奇怪的东西，我常常不由自主地想起我们那个水手叔叔，他一定无数次看过这片海的海滨吧。我这次带了三张画布来，都画满了——两幅海景，一幅村里的景象，还画了一些素描，明天我回到阿尔勒就把素描寄给你。在这儿食宿每天花费 4 法郎，他们打算提价，要收我 6 法郎了。我想尽快再回来这里一趟，多画些习作。海岸是沙质的，没有悬崖石壁，与荷兰的一样，只是荷兰没有沙丘，这里的海水也更蓝些。你在这儿能吃到比塞纳河边更好的炸鱼，不过鱼不是每天都有，因为渔人有时会去马赛卖鱼。如果有鱼，味道真的很棒。如果没有，那这里贩卖的肉倒不比那个屠夫 M. 热罗姆卖的好吃多少。没鱼的话，找点东西吃也不容易，在我看来是这样的。村里的房子我估计到不了 100 所。主要建筑除了老教堂和古堡，就数营房了。这里的村屋和我们德伦特荒野上、泥沼边的那些屋子很像，你会在我的素描里看到。我不得不把三幅油画留在这里，自然是因为颜料还没有干透，经不起五个小时的马车颠簸。不过我期待着很快回到这里。下礼拜我想去塔拉斯孔再画上两三幅。

如果你还没写过信，那我应该是在阿尔勒收你的信了。一个很英俊的宪兵来问我话 [见这页底部]（神父也来了——这儿的人们应该坏不到哪

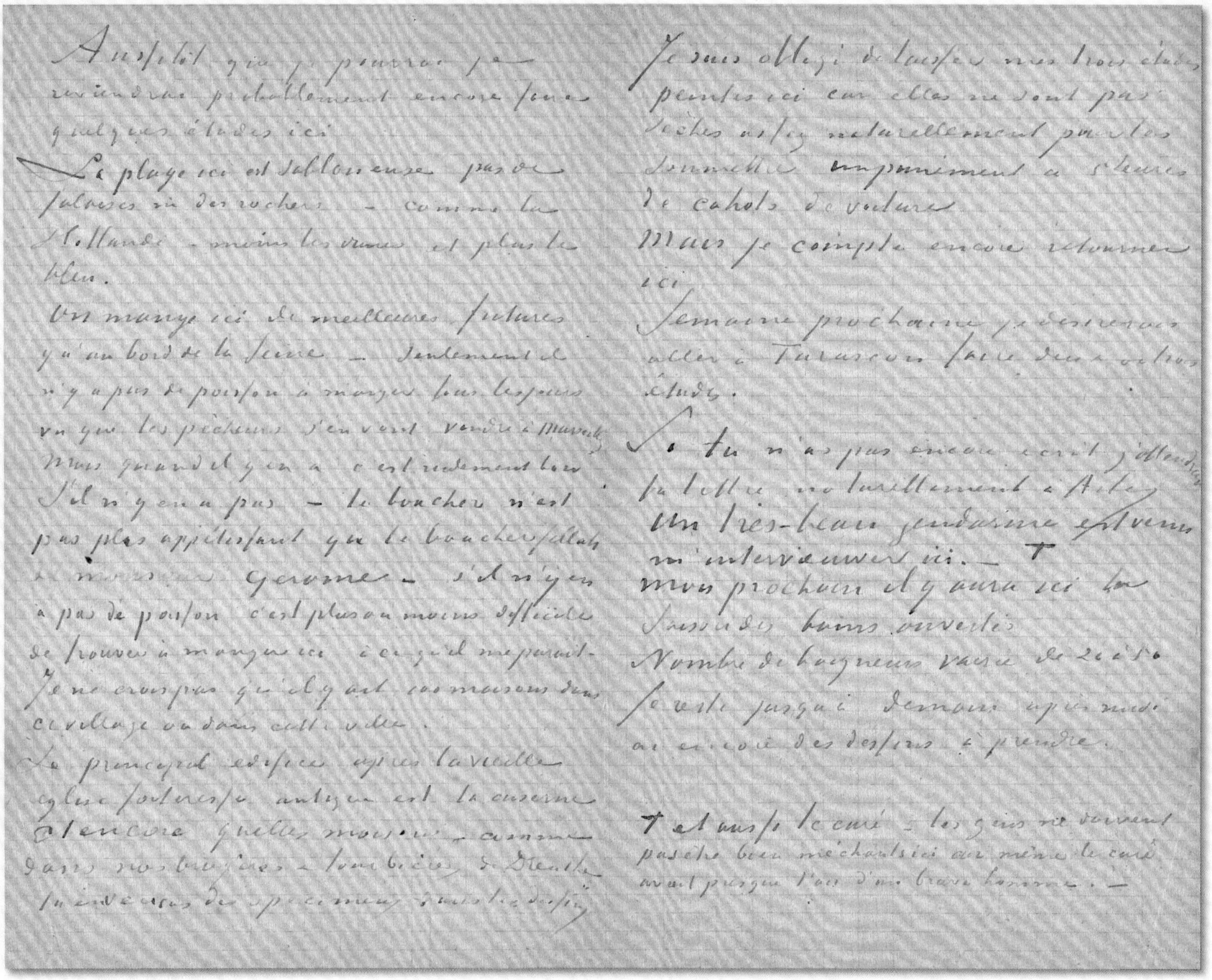

Aussitôt que je pourrai je reviendrai probablement encore faire quelques études ici

La plage ici est sablonneuse pas de falaises ni de rochers – comme la Hollande – moins les dunes et plus de bleu.

On mange ici de meilleures fritures qu'au bord de la Seine – seulement il n'y a pas de poisson à manger tous les jours vu que les pêcheurs s'en vont vendre à Marseille Mais quand il y en a c'est rudement bon S'il n'y en a pas – le boucher n'est pas plus appétissant que le boucher fellah de monsieur Gérôme – s'il n'y en a pas de poisson c'est plus ou moins difficile de trouver à manger ici à ce qu'il me paraît – Je ne crois pas qu'il y ait 100 maisons dans ce village ou dans cette ville.

Le principal édifice après la vieille église forteresse antique est la caserne et encore quelles maisons – comme dans nos bruyères et tourbières de Drenthe tu en verras des spécimens dans les dessins.

Je suis obligé de laisser mes trois études peintes ici car elles ne sont pas sèches assez naturellement pour les soumettre impunément à 5 heures de cahots de voiture.

Mais je compte encore retourner ici.

Semaine prochaine je désirerais aller à Tarascon faire deux ou trois études.

Si tu n'as pas encore écrit j'attendrai ta lettre naturellement à Arles.

Un très beau gendarme est venu m'interviewer ici. – +

Mois prochain il y aura ici les bains ouverts.

Nombre de baigneurs varie de 20 à 50

Je reste jusqu'à demain après-midi ai encore des dessins à prendre.

+ et aussi le curé – les gens ne doivent pas être bien méchants ici car même le curé avait presque l'air d'un brave homme. –

儿去，因为连神父看起来都几乎是个体面人）。

下个月这里就能洗露天浴了，洗浴人数每天 20 到 50 不等。我会待到明天下午，还有些素描要画。有天晚上我去空无一人的海滩漫步，景色既不是让人感到欢欣的，也并不觉得悲伤，而是很美。

深蓝的夜空点缀着云朵，云朵的颜色有强烈的钴蓝，有清而明的蓝，也有像银河般透着白的蓝。深邃的蓝色里星星闪烁，绿的、黄的、白的、粉的星子，清清亮亮如同宝石。和家乡的不同，和巴黎的也不同，猫眼石、祖母绿、青金石、红宝石、蓝宝石。海面是很深的群青色，我看到海滩好像是紫色和淡褐色的，沙丘（大约五米高）上的灌木是普鲁士蓝的。除了画好剩下的半幅素描，我还有一大幅素描要画，和上一幅尺寸差不多大。希望很快能见到你，握手。

你永远的文森特

对页图与上图：这封给提奥的信是在圣玛丽渔村写的，字里行间流淌着凡·高初见地中海的激动心情。

法国南部风景

虽然阿尔勒地方不小，凡·高却无心描绘城镇风貌。相反，他更乐意去阿尔勒的郊区，发掘能入画的乡野景象。当时凡·高在布拉班特时就是以乡村生活为创作焦点，可以说他这种兴趣在法国南部复苏了。只不过前后有着明显的差异：一是自布拉班特以来，凡·高一直浸润于当代艺术中，也革新了自己的艺术风格；二是法国南部的环境与荷兰截然不同。阿尔勒温暖晴好的气候欢迎凡·高尽情体悟自然，以新的角度在田野间挥洒创作。他写信给朋友伯纳德：“在这里我感觉比在北方好多了。我甚至还在正午时分画画，在正午的阳光下，一切毫无遮挡，麦田里，我像蝉一样享受太阳。”凡·高画中表现的田野和劳作无不充溢着他体验到的光和热。一幅描绘丰收时节的风景画笼罩在明朗的色调里，提示着麦子果蔬的成熟；一片等待收割的麦田，或是农场边的干草垛，也都包裹在醇正的深深浅浅的黄色调里。

当初在荷兰时，《播种者》这种主题就对凡·高意义不凡。如今在法国南部他再度回到这个主题，这次想要用明媚奔放的颜色来画。米勒的《播种者》向来是凡·高的临摹对象，但他这次自问：米勒的这幅《播种者》能否用鲜艳的色彩画出来？他决定证明自己可以做到。还是在那封 1888 年 6 月给伯纳德的信里，凡·高描述了他的作品：“一大片犁过的、满是土块的地，大部分是蓝紫色。一片成熟的麦田，主调是赭黄色，带少许暗红。天空是铬黄色，几乎和太阳一样明亮……”画面如此明媚，画中农人的劳作都因此显得不那么艰辛了。

同时，凡·高没有停下素描训练，运笔越发得心应手。他画了许多大张素描表现蒙马儒（Montmajour）周边风景，蒙马儒是阿尔勒附近的一座老修道院。该素描系列中的佳构之一展示了画家从高处看下去的一片广袤田野，细节极为丰富。画面中央的火车与前景左侧的马车，于原本永恒的自然风景上构筑出新与旧、现代与传统的动人对比。这类景观令凡·高想到自

播种者

播种者的形象对凡·高有着特殊意味。播种被认为是农事中最重要的环节，对凡·高而言这是象征农民生活的一个典型。米勒的《播种者》是凡·高主要的模仿对象，他青年时期就知道了这幅作品，但他看到的是版画而非原作。凡·高曾多次临摹过米勒的《播种者》。每当他要画一个自己的播种者时，总是尝试着模仿米勒，而几乎每次模仿都不能让他完全满意。

已对 17 世纪荷兰风景画家的欣赏。凡・高自己也很满意，认为这幅素描是“用笔墨画得最好的”之一。除了大量的独立素描作品，凡・高也把自己多幅油画的图案勾勒到纸上，一般只选择得意之作。这些复制图样有些给提奥，有些给朋友们。如果有了特别成功的油画作品，凡・高也会多画几个版本出来。

上图：凡・高曾多次模仿让-弗朗索瓦・米勒的《播种者》。这一幅中的人物嵌在落日的背景中，以蓝黄为主色。

左图：农场旁边巨大的麦垛，画家以此表现收获的季节。

下图：凡·高陶醉于花园里缤纷怒放的花朵，这正是南方夏季的精髓所在。

右图：1888 年夏季，凡·高在阿尔勒创作的最重要的一幅描绘丰收场景的画作。

上图：凡·高的素描景观宏阔、细节丰富，体现出他很擅长驾驭芦苇笔。上图及其后三图分别是：从蒙马儒修道院看出去的广袤田野及农场旁的麦垛；落日下的播种者；以阿尔勒城区为背景的一个丰收场景。

肖像画——未来艺术

凡·高虽对风景画作品颇为自得，一直以来也有意在肖像画领域耕耘。凡·高认为肖像画才是自己志向所在，后来果然成绩不俗。他的榜样是大名鼎鼎的肖像画家伦勃朗。凡·高推重伦勃朗，尤其在于伦勃朗能于图像之中灌注一种魔力，赋予作品恒久的震撼人心的力量。1888年夏，凡·高说服一些人给他当模特，他关于肖像画的理念因此在实践中得以发展。他的创作目标是在单纯表现人物以外传达更深层次的内涵。

7月末，凡·高给阿尔勒火车站的邮递员约瑟夫·鲁兰画了肖像。两人可能是在凡·高暂住过的车站咖啡馆相遇的，也可能是凡·高到火车站给提奥寄包裹时相识的。凡·高在信里讲到鲁兰，难掩激动之情："苏格拉底式的人物，一个爱喝酒的苏格拉底，所以脸上红红的……他是个要命的共和主义者，和老唐吉一样。我的天！用杜米埃（Honoré Daumier）的方法来画他，该多么合适啊！"这封信里凡·高还表示自己对表现模特个人特质的兴趣不大，更想去表现另一种类型的人，就是平民百姓。

接着，凡·高又找来一位农民当模特，承诺会送他一幅肖像画。刻画佩兴斯·埃斯卡利耶（Patience Escalier）的凡·高想要唤起"在正午阳光下丰收的全部热情。因此用明亮的橙色，像烧红的热铁，以及在阴影处发光的老旧黄金的色调"。凡·高曾用土地的棕色画出荷兰农民的庄重，现在又以彩色和日光来

上图：佩兴斯·埃斯卡利耶曾是卡马格的牧牛人，这幅肖像中凡·高将他表现为南方热浪里的农人。

对页图：约瑟夫·鲁兰多次给凡·高当肖像模特，两人成了好友。

伦勃朗·哈尔曼松·凡·莱因
REMBRANDT HARMENSZ VAN RIJN（1606—1669）

荷兰画家伦勃朗在莱顿立业，后搬至阿姆斯特丹。在19世纪的法国，擅长人物画的伦勃朗风靡一时，因为他画的人物既写实又饱含感情，很能打动当时的观者。见伦勃朗在法国受到如此追捧，凡·高便常提及这位艺术上的前辈。凡·高在荷兰本土见识过不少伦勃朗的油画，这是那时的人们有所耳闻却不得见的，这也构成了凡·高立足法国的独特优势之一。

POSTES

欧仁·博赫 EUGÈNE BOCH（1855—1941）

见过比利时画家欧仁·博赫后，凡·高马上告诉提奥欧仁是安娜·博赫的胞弟，而安娜·博赫正是布鲁塞尔重要的先锋艺术团体“二十人社”（Les XX）创始人之一。画博赫肖像时，凡·高也许也在和坐在自己面前的这个画家模特探讨肖像画创作理念，而不只是与朋友在通信中谈及。凡·高必然希望这幅作品有助于自己扬名布鲁塞尔。1890 年，他真的如愿以偿，安娜·博赫第一个买下了凡·高的一幅油画作品。

表现法国南部的农民。

与拥抱大地的朴拙农人肖像相比，凡·高还有一幅《诗人》（*The Poet: Eugène Boch*）——画的是他在阿尔勒附近遇到的比利时画家博赫。这幅肖像很特别，因为凡·高就此细致地阐释了他的创作过程和创作目标。诗人象征着充满创造力的人，他“梦想着伟大的梦想”。凡·高对博赫本人的刻画很忠实，但用了夸张的颜色来增强表现力。背景没有画房间里的墙面，而是“无垠的宇宙，纯色背景，用我能调出来的最富丽最浓烈的蓝色。这样子简单组合，一颗金色脑袋衬着饱满的蓝色背景，便取得了一种神秘效果，就像蔚蓝夜空中的一颗明星”。

凡·高希望在他的下一幅画作里使用色彩对比。《情人》（*The Lover: Paul-Eugène Milliet*）画的是军人米勒，他是凡·高的朋友，很受女人欢迎，凡·高对此十分羡慕。画中人物身着军装，风度翩翩，画面呈现红绿二色强烈对比，凡·高认为红与绿的搭配暗示着激情。

在秋天的时候，凡·高说动了车站咖啡馆的主人吉努夫妇当模特。他尤其盼着画吉努夫人，因为他想表现一位真正的阿尔勒当地的女性。阿尔勒女人以美貌闻名，她们的发型和黑色传统服饰在镇里特别惹眼。凡·高第一次画的吉努夫人像，吉努夫人面前摆放着手套和阳伞。而第二个版本里，这些女性物品被几本颜色鲜艳的小说代替了。凡·高此意倒不在表明吉努夫人是文学爱好者，而是想借画中的现代小说来强调自己作品的现代性。这几本小说很可能是凡·高自己的。1885 年那幅《静物：打开的圣经》（见第 21 页）中左拉的小说也有类似用意。书本经常出现在凡·高的油画里，有时只是宽泛地指涉画家本人的文学趣味；但如果画面上能辨认出书名，那么该书内容则指向画作的意义。

右上图：画中的欧仁·博赫象征着一个富有创造力的人，这是凡·高想要在观者眼中唤起的形象。

右图：身着传统服饰的阿尔勒女人，这是车站咖啡馆主人吉努夫人的肖像。

印着阿尔勒女人照片的明信片

上图：阿尔勒女人以靓丽的容貌和别致的传统服饰闻名，就如图中明信片所示。凡·高很想画一画她们。

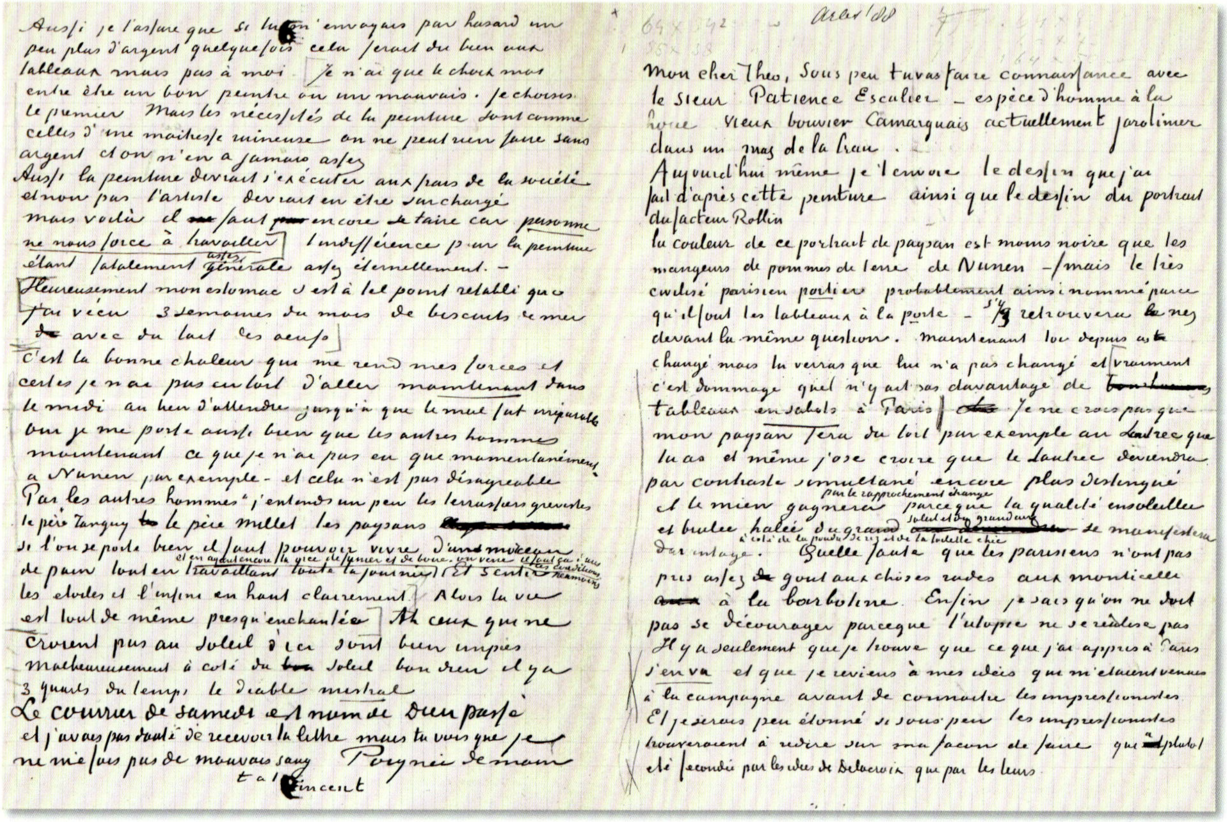
Aussi je t'assure que si tu m'envoyais par hasard un peu plus d'argent quelquefois cela ferait du bien aux tableaux mais pas à moi. Je n'ai que le choix mais entre être un bon peintre ou un mauvais. je choisis le premier Mais les nécessités de la peinture sont comme celles d'une maitresse ruineuse on ne peut rien faire sans argent et on n'en a jamais assez
Aussi la peinture devrait s'exécuter aux frais de la société et non pas l'artiste devrait en être surchargé
mais voilà il faut encore se taire car personne ne nous force à travailler l'indifférence pour la peinture étant fatalement assez générale assez éternellement. –
Heureusement mon estomac s'est à tel point retabli que j'ai vécu 3 semaines du mois de biscuits de mer avec du lait des oeufs
C'est la bonne chaleur qui me rend mes forces et certes je n'ai pas eu tort d'aller maintenant dans le midi au lieu d'attendre jusqu'à que le mal fut irréparable
Oui je me porte aussi bien que les autres hommes maintenant ce que je n'ai pas eu que momentanément à Nunen par exemple – et cela n'est pas désagreable
Par les autres hommes j'entends un peu les terrassiers grevistes le père Tanguy le père Millet les paysans
si l'on se porte bien il faut pouvoir vivre d'un morceau de pain tout en travaillant toute la journée et en ayant encore la force de fumer et de boire. un verre il faut ça dans les conditions et sentir néanmoins les étoiles et l'infini en haut clairement. Alors la vie est tout de même presqu'enchantée Ah ceux qui ne croient pas au soleil d'ici sont bien impies
Malheureusement à coté du soleil bon dieu il y a 3 quarts du temps le diable mistral
Le courrier de samedi est nom de dieu passé et j'avais pas douté de recevoir ta lettre mais tu vois que je ne me fais pas de mauvais sang Poignée de main
t à t Vincent

Arles '88

Mon cher Theo, Sous peu tu vas faire connaissance avec le sieur Patience Escalier – espèce d'homme à la houe vieux bouvier Camarguais actuellement jardinier dans un mas de la Crau.
Aujourd'hui même je t'envoie le dessin que j'ai fait d'après cette peinture ainsi que le dessin du portrait du facteur Rollin
la couleur de ce portrait de paysan est moins noire que les mangeurs de pommes de terre de Nunen – mais le très civilisé parisien Portier probablement ainsi nommé parce qu'il fout les tableaux à la porte – s'y retrouvera le nez devant la même question. maintenant toi depuis as changé mais tu verras que lui n'a pas changé et vraiment c'est dommage qu'il n'y ait pas davantage de tableaux en sabots à Paris Je ne crois pas que mon paysan fera du tort par exemple au Lautrec que tu as et même j'ose croire que le Lautrec deviendra par contraste simultané encore plus distingué et le mien gagnera par le rapprochement étrange parceque la qualité ensoleillée et brulée halée du grand soleil et du grand air se manifestera davantage à coté de la poudre de riz et de la toilette chic. Quelle faute que les parisiens n'ont pas pris assez goût aux choses rudes aux Monticelli à la barbotine. Enfin je sais qu'on ne doit pas se décourager parceque l'utopie ne se réalise pas
Il y a seulement que je trouve que ce que j'ai appris à Paris s'en va et que je reviens à mes idées qui m'étaient venues à la campagne avant de connaître les impressionistes
Et je serais peu étonné si sous peu les impressionistes trouveraient à redire sur ma façon de faire qui a plutot été fecondée par les idées de Delacroix que par les leurs

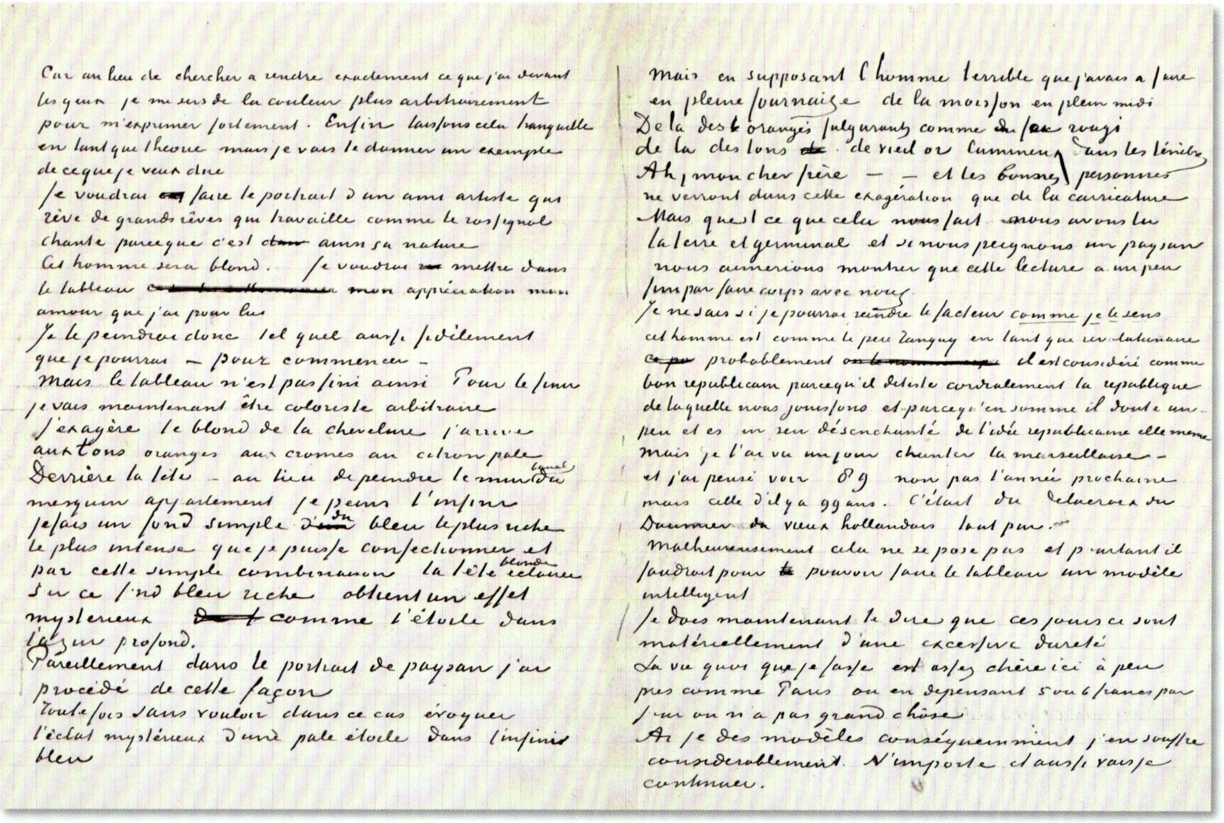
Car au lieu de chercher à rendre exactement ce que j'ai devant les yeux je me sers de la couleur plus arbitrairement pour m'exprimer fortement. Enfin laissons cela tranquille en tant que theorie mais je vais te donner un exemple de ce que je veux dire
Je voudrais faire le portrait d'un ami artiste qui rêve de grands rêves qui travaille comme le rossignol chante parceque c'est ainsi sa nature
Cet homme sera blond. Je voudrais mettre dans le tableau mon appréciation mon amour que j'ai pour lui
Je le peindrai donc tel quel aussi fidèlement que je pourrai – pour commencer –
Mais le tableau n'est pas fini ainsi Pour le finir je vais maintenant être coloriste arbitraire
J'exagère le blond de la chevelure j'arrive aux tons oranges aux chromes au citron pale
Derrière la tête – au lieu de peindre le mur banal du mesquin appartement je peins l'infini je fais un fond simple du bleu le plus riche le plus intense que je puisse confectionner et par cette simple combinaison la tête blonde éclairée sur ce fond bleu riche obtient un effet mysterieux comme l'étoile dans l'azur profond.
Pareillement dans le portrait de paysan j'ai procédé de cette façon
Toutefois sans vouloir dans ce cas évoquer l'éclat mystérieux d'une pale étoile dans l'infini bleu

Mais en supposant l'homme terrible que j'avais à faire en pleine fournaise de la moisson en plein midi
De là des orangés fulgurants comme du fer rougi de là des tons de vieil or lumineux dans les ténèbres
Ah, mon cher frère – – et les bonnes personnes ne verront dans cette exagération que de la caricature
Mais qu'est ce que cela nous fait nous avons lu la terre et germinal et si nous peignons un paysan nous aimerions montrer que cette lecture a un peu fini par faire corps avec nous
Je ne sais si je pourrai rendre le facteur comme je le sens
cet homme est comme le pere Tanguy en tant que revolutionnaire probablement et est considéré comme bon republicain parcequ'il deteste cordialement la republique de laquelle nous jouissons et parcequ'en somme il doute un peu et est un peu désenchanté de l'idée republicaine elle même
Mais je l'ai vu un jour chanter la marseillaise – et j'ai pensé voir 89 non pas l'année prochaine mais celle d'il y a 99 ans. C'était du Delacroix du Daumier du vieux hollandais tout pur.
Malheureusement cela ne se pose pas et pourtant il faudrait pour pouvoir faire le tableau un modèle intelligent
Je dois maintenant te dire que ces jours ci sont matériellement d'une excessive dureté
La vie quoi que je fasse est assez chère ici à peu pres comme Paris ou en depensant 5 ou 6 francs par jour on n'a pas grand chose
Ai je des modèles conséquemment j'en souffre considerablement. N'importe et aussi vais je continuer.

凡·高给弟弟提奥的信，1888年8月11日

我亲爱的提奥：

你应该很快就会认识佩兴斯·埃斯卡利耶，一个荷锄的农人。他从前在卡马格放牧，现在是克罗平原一个农场的园丁。今天我把照着这幅肖像画的素描寄给你了，还有邮差鲁兰肖像的素描。

这幅农民像的色彩不像在尼厄嫩画的吃土豆的人那么黯淡，可我们那文明有教养的巴黎门房——这么称呼大概是因为他把画扔出门外——还是会被老问题困扰。你从那时起已经改变了，可你会看到他没有变。巴黎不再有农民画了，这真是可惜。我并不认为，比如说，我的农民画会对你的几幅劳特累克的画产生不利影响。我甚至敢说，两相对照之下，劳特累克只会更加突出，而我的作品也不会失色，因为烈日下暴晒、晒黑晒伤的那些人物比起华服脂粉另有一番优势。

巴黎人的一大错，是不会欣赏粗粝原始之美，不喜欢蒙蒂塞利、巴尔博汀陶器。不过，乌托邦难以企及，人却不能因此气馁。只是我发现，自己淡忘了在巴黎学到的东西，正在逐渐回归以前还不知道印象派、还在乡下时的那些想法。将来如果印象派画家挑剔我的创作方法，我也不会惊讶，因为我的创作更多受益于德拉克洛瓦的理念，而不是印象派。为了避免将眼前所见忠实再现，我越加肆意地用色，以求强烈地表达自己。好啦，理论的东西先谈到这儿。我来给你举例说明一下。我想画一位艺术家朋友的肖像，这个朋友“梦想着伟大的梦想”，他的创作就如夜莺歌唱，因为创作就是他的天性。他将是一个金发男子。我想在画里表现出我对他的欣赏，对他的爱。所以我就照着他的样子来画，尽我所能地忠实再现他的样貌，这是第一步。

但这还不是成品。要完成这幅作品，我还得随心所欲地挥洒色彩。我把他头发的颜色进行夸张，变得很浅，甚至要用上橙色调、铬黄和淡柠檬黄。在他的头后面，我没有画逼仄房间里的一面白墙，我画的是无垠的宇宙，纯色背景，用我能调出来的最富丽最浓烈的蓝色。这样子简单组合，一颗金色脑袋衬着饱满的蓝色背景，便取得了一种神秘效果，就像蔚蓝夜空中的一颗明星。同样，画农民肖像时我也用了这个方法。尽管在画农民时，我并不想要这种无限幽蓝中一颗星的神秘感。我想象着我要画的这个粗糙的农夫，在丰收时节的正午，就如同在一个巨大的火炉里炙烤。所以，烧红的热铁一般发着橙黄色的光，还有那种在暗处发亮的古旧黄金色调。

哎，我亲爱的弟弟，正经人只会把这种夸张当成漫画。但那又和我们有什么关系呢？我们读过《土地》和《萌芽》，那么我们读过的最终会成为我们自身的一部分，于是我们画一个农民，就要把这表现出来。不知道我能不能把我感觉里的邮差画出来，他和唐吉老爹一样都是革命派，可能人们会认为他是一个好的共和主义者。因为，他全心全意地憎恶着这个令我们满意的共和政体，而且他现在开始对共和主义本身也有了一些怀疑，甚至感到幻灭。但我有次看到他在唱《马赛曲》，我当时想我看到了89啊，不是明年1889年，而是99年前的1789年。这是德拉克洛瓦，是杜米埃，直接出自老荷兰人。不幸的是，他摆不好姿势，而要画一幅好画必须有个聪慧的模特。好了，现在我必须坦白，这些天过得很糟，尤其物质方面。在这里生活很昂贵，不管我怎么俭省都无济于事，几乎和巴黎差不多，一天随随便便就花去五六法郎，还根本看不到钱花在了哪里。

如果有模特，手头当然就更紧了。不过没关系，我还会撑下去。我可以保证，万一你有余钱寄给我，钱也一定会用在画上，而不是用在我自己身上。我唯一可以选的就是做一个好画家或一个坏画家，我选择前者。可油画就像一个挥霍无度的情妇，没有钱你什么也做不了，而且钱永远都不够。这就是为什么绘画产生的开销该由社会来负担，不该让艺术家疲于应付。不过说回来，我们最好还是闭嘴，因为谁也没逼着我们创作。社会对美术漠不关心，这是一种普遍的冷漠，它将永远存在，这对艺术来说是致命的。

好在我的胃病几乎痊愈了。这个月我已经吃了三个礼拜的硬饼干、牛奶和鸡蛋。天气暖和了，我的体力都恢复了。看来立刻南下的决定是对的，没等到病得治不了的那一刻。是的，没错，现在我已经和其他人一样好了，这是从没有过的，只在尼厄嫩有过一小段时间的例外。我说的其他人，是指那些罢工的工人、唐吉老爹、米勒老爹、农民。身体好的时候，即使工作一整天，也可以只靠一片面包过活，到了晚上还能有足够的力气抽烟喝酒，这在那种情况下是必须的。去感受你头上的星辰闪亮，宇宙高远。这样子的生活几乎是极乐。哎！如果有人不信仰这南方的太阳，那就真是异教徒了。可惜的是，伴随太阳的还有密史托拉风这个恶魔，一年中四分之三的时间都不停歇。礼拜六的邮差已经来过了，该死，我从没怀疑过，但我本该收到你的信才是啊。不过你看，我也并不为此担忧。握手。

你永远的文森特

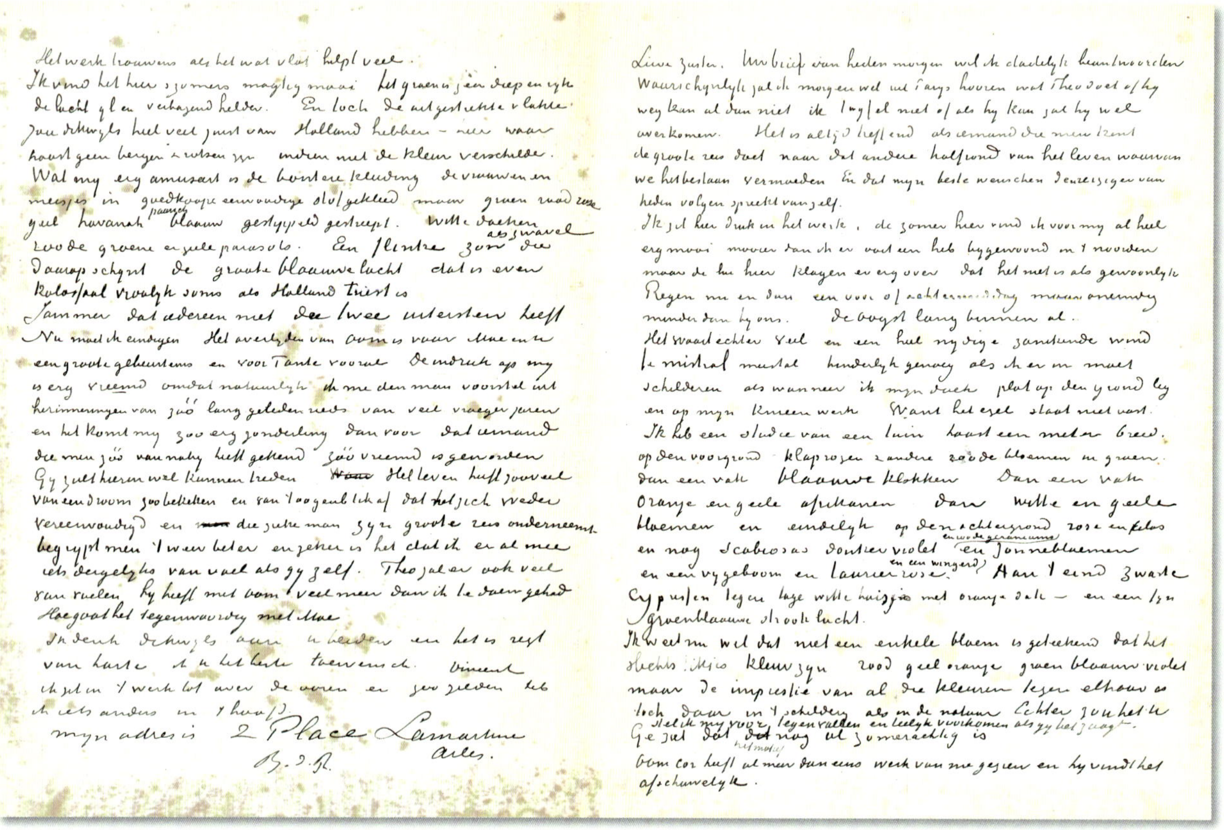

Het werk trouwens als het wat vlot helpt veel.
Ik vind het hier 's zomers magtig mooi het groen is zeer diep en rijk de lucht zoo verbazend helder. En toch de uitgestrekte vlakte zou dikwijls heel veel juist van Holland hebben – niet waar haast geen bergen & rotsen zyn indien niet de kleur verschilde.
Wat my erg amuseert is de bontere kleeding de vrouwen en meisjes in goedkoope eenvoudige stof gekleed maar groen rood roze geel havanah paarsch blaauw gestippeld gestreept. Witte doeken roode groene en gele parasols. En flinke zon als zwavel daarop schynt de groote blaauwe lucht dat is even kolossaal vroolyk soms als Holland triest is
Jammer dat iedereen niet die twee uitersten heeft
Nu moet ik eindigen Het overlyden van Oom is voor Moe en u een groote gebeurtenis en voor Tante vooral De indruk op my is erg vreemd omdat natuurlyk ik me den man voorstel uit herinneringen van zóó lang geleden reeds van veel vroeger jaren en het komt my zoo erg zonderling dan voor dat iemand die men zóó van naby heeft gekend zóó vreemd is geworden
Gy zult hierin wel kunnen treden ~~Waa~~ Het leven heeft zooveel van een droom zoo bekeken en van 't oogenblik af dat het zich weder vereenvoudigd en ~~men~~ die zelve man zyn groote reis onderneemt begrypt men 't weer beter en zeker is het dat ik er al mee iets dergelyks van voel als gy zelf. Theo zal er ook veel van voelen hy heeft met Oom veel meer dan ik te doen gehad
Hoe gaat het tegenwoordig met Moe
Ik denk dikwyls aan u beiden en het is regt van harte ik u het beste toewensch. Vincent
ik zit in 't werk tot over de ooren en zoo zie je heb ik iets anders in 't hoofd
myn adres is 2 Place Lamartine
B. d. R. Arles.

Lieve zuster. Uw brief van heden morgen wil ik dadelyk beantwoorden
Waarschynlyk zal ik morgen wel uit Parys hooren wat Theo doet of hy weg kan al dan niet ik twyfel niet of als hy kan zal hy wel overkomen. Het is altyd treffend als iemand die men kent de groote reis doet naar dat andere halfrond van het leven waarvan we het bestaan vermoeden En dat myn beste wenschen dezelfsigen van heden volgen spreekt van zelf.
Ik zit hier druk in het werk, de zomer hier vind ik voor my al heel erg mooi mooier dan ik er vroeger een heb bygewoond in 't noorden maar de lui hier klagen er erg over dat het niet is als gewoonlyk Regen nu en dan een voor of achtermiddag maar oneindig minder dan by ons. De oogst lang binnen al.
Het waait echter veel en een heel nydige zanikende wind le mistral meestal hinderlyk genoeg als ik er in moet schilderen als wanneer ik myn doek plat op den grond leg en op myn knieen werk Want het ezel staat niet vast.
Ik heb een studie van een tuin haast een meter breed.
op den voorgrond klaprozen & andere roode bloemen in groen. dan een vak blaauwe klokken Dan een vak oranje en geele afrikanen dan witte en geele bloemen en eindelyk op den achtergrond roze en lilas en roode geraniums en nog scabiosas donker violet en zonnebloemen en een vygeboom en laurierrose. en een wingerd) Aan 't eind zwarte cypressen tegen lage witte huisjes met oranje dak – en een fyn groenblaauwe strook lucht.
Ik weet nu wel dat niet een enkele bloem is geteekend dat het slechts kleurvlakjes zyn rood geel oranje groen blaauw violet maar de impressie van al die kleuren tegen elkaar is toch daar in 't schildery als in de natuur Echter zou het u het valt u misschien tegen & leelyk voorkomen als gy het zaagt.
Ge ziet dat het motief nog al zomeraachtig is
Oom Cor heeft al meer dan eens werk van me gezien en hy vindt het afschuwelyk.

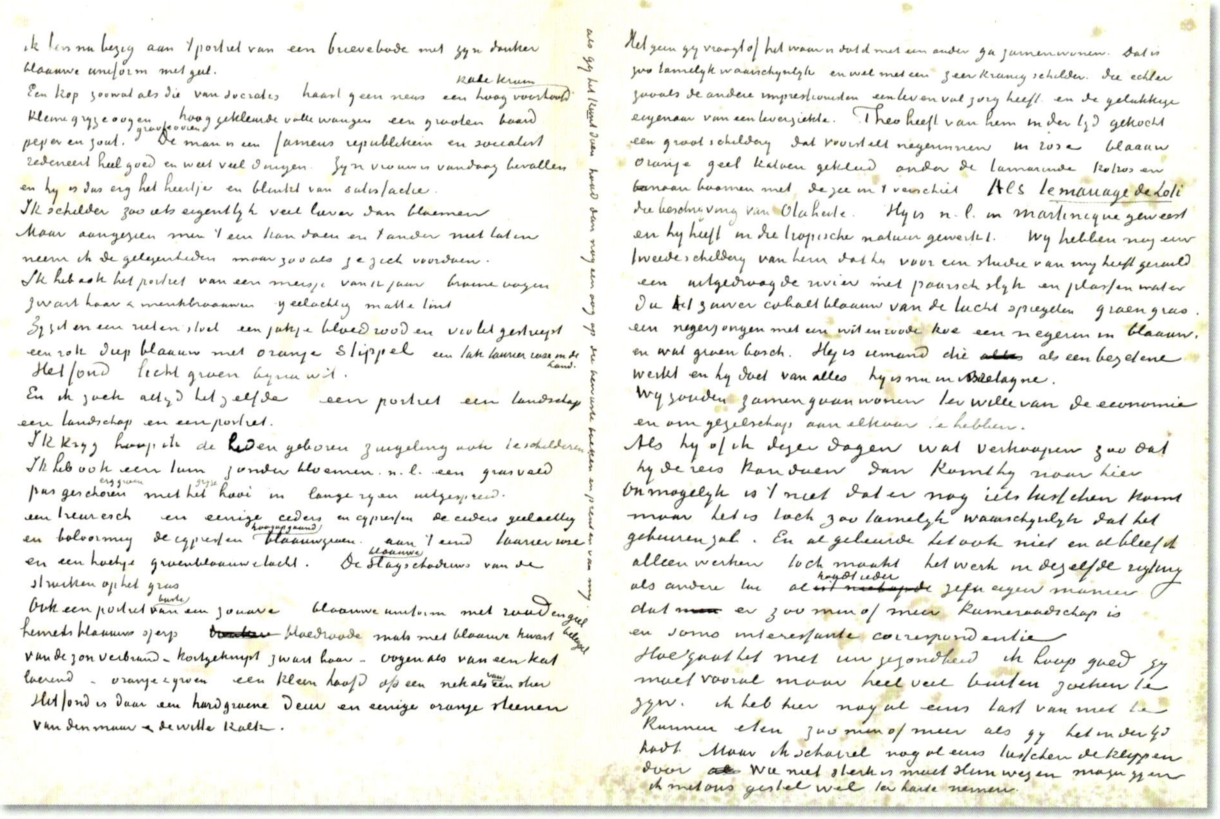

ik ben nu bezig aan 't portret van een brievebode met zyn donker blaauwe uniform met geel.
Een kop zoowat als die van Socrates haast geen neus een hoog voorhoofd kale kruin kleine grys oogen hoog gekleurde volle wangen een grooten baard grauwe peper en zout. De man is een fameus republikein en socialist redeneert heel goed en weet veel dingen. Zyn vrouw is vandaag bevallen en hy is dus erg het heertje en blinkt van satisfactie.
Ik schilder zoo iets eigentlyk veel liever dan bloemen
Maar aangezien men 't een kan doen en 't ander niet laten neem ik de gelegenheden maar zoo als ze zich voordoen.
Ik heb ook het portret van een meisje van 12 jaar bruine oogen zwart haar & wenkbraauwen geelachtig matte tint
Zy zit in een rieten stoel een jakje bloedrood en violet gestreept een rok diep blaauw met oranje stippel een tak laurier rose in de hand.
Het fond licht groen byna wit.
En ik zoek altyd het zelfde een portret een landschap een landschap en een portret.
Ik krijg hoop ook de heden geboren zuigeling ook te schilderen
Ik heb ook een tuin zonder bloemen n.l. een grasveld pas geschoren erg groen met het hooi grijs in lange ryen uitgespreid.
een treuresch en eenige ceders en cypressen de ceders geelachtig en bolvormig de cypressen hoog opgaand blaauwgroen. aan 't eind laurier rose en een hoekje groenblaauwe lucht. De blaauwe slagschaduws van de struiken op het gras
Ook een portret van een zouave blaauwe uniform met roode en geel beleg hemelsblaauwe sjerp ~~donker~~ bloedroode muts met blaauwe kwast van de zon verbrand – kortgeknipt zwart haar – oogen als van een kat loerend – oranje & groen een klein hoofd op een nek als van een stier
Het fond is daar een hardgroene deur en eenige oranje steenen van den muur & de witte kalk.

als gy het kunt doen houd dan nog een oog op de bewuste boeken en zend ze van my.

Hetgeen gy vraagt of het waar is dat ik met een ander ga zamenwonen. Dat is zoo tamelyk waarschynlyk en wel met een zeer knappig schilder. die echter zooals de andere impressionisten een leven vol zorg heeft en de gelukkige eigenaar van een leverziekte. Theo heeft van hem in der tyd gekocht een groot schildery dat voorstelt negerinnen in rose blaauw oranje geel katoen gekleed onder de tamarinde kokos en banaan boomen met de zee in 't verschiet Als le mariage de Loti die beschryving van Otaheite. Hy is n.l. in Martinique geweest en hy heeft in de tropische natuur gewerkt. Wy hebben nog een tweede schildery van hem dat hy voor een studie van my heeft geruild een uitgedroogde rivier met paarsch slyk en plassen water die het zuiver cobalt blaauw van de lucht spiegelen groen gras. een negerjongen met een wit en roode koe een negerin in blaauw. en wat groen bosch. Hy is iemand die ~~alles~~ als een bezetene werkt en hy doet van alles hy is nu in Bretagne.
Wy zouden zamen gaan wonen ter wille van de economie en om gezelschap aan elkaar te hebben.
Als hy of ik dezer dagen wat verkoopen zoo dat hy de reis kan doen dan komt hy naar hier
Onmogelyk is 't niet dat er nog iets tusschen komt maar het is toch zoo tamelyk waarschynlyk dat het gebeuren zal. En al gebeurde het ook niet en al bleef ik alleen werken toch maakt het werk in dezelfde richting als andere lui al ~~is~~ ~~verschillende~~ heeft ieder zyn eigen manier dat ~~men~~ er zoo min of meer kameraadschap is en soms interessante correspondentie
Hoe gaat het met uw gezondheid ik hoop goed gy moet vooral maar heel veel buiten zoeken te zyn. ik heb hier nog al eens last van niet te kunnen eten zoo min of meer als gy het in der tyd hadt. Maar ik scharrel nog al eens tusschen de klippen door ~~als~~ Wie niet sterk is moet slim wezen maag zyn ik met ons gestel wel ter harte nemen.

凡·高给妹妹威廉明娜的信，1888 年 7 月 31 日

亲爱的妹妹：

今早收到了你的信，立刻回信给你。明天我应该就有巴黎的消息了，到时就能知道提奥的安排，不知道他到底有没有空过来。只要他能脱身就一定会来陪你，这点我很确信。我们总会感到错愕，每当得知一个自己认识的人踏上了前往生命彼岸的伟大行程，而那个彼岸的存在也只是我们的猜测而已。当然我真诚地祝福今天这位行路者。现在我工作很努力，这里的夏天美到了极致，胜过我在北方经历的所有夏天。但人们却使劲抱怨，说这个夏天和以往的不同了。早晨、午后会时不时地下雨，但雨水比起我们那一头的世界真是少之又少。前一阵子，地里的作物已经收割了。不过这儿多风，一种恶风，呜呜哀鸣着——密史托拉风，多数时候都很讨厌。如果我要在风里画画，就必须把画布展平在地面上，跪下来画，因为画架立不住。我画了一幅一米宽的花园，绿色的前景上有罂粟花、各种红花还有一片蓝风铃。然后是一丛橙黄的金盏花、一些白的黄的无名小花，最后背景是粉色、淡紫和深紫的轮峰菊，还有天竺葵、向日葵、无花果树、夹竹桃和藤蔓。远处是苍黑的丝柏树背靠着低矮的、橘色屋顶的白房子，再加上一线柔和的蓝绿色天空。

对了，我知道没有一朵花被确切地画出了花的样子，它们只是一个个色点，红、黄、橙、绿、蓝、紫，但颜色并置穿插形成的视觉印象却是不错的，就和在自然中感受到的一样。不过，我猜你看到的话还是会失望，会觉得丑。可你看，这个主题挺有夏天的氛围。科尔叔叔好几次见过我的画，他觉得很糟糕。我现在在给一个邮差画肖像，他穿着带黄色花纹的蓝制服。他的头有点儿像苏格拉底，几乎没有鼻子，高前额，秃顶，灰色的小眼睛，两颊饱满、通红，一缕黑白相杂的胡须，两只大耳朵。他是个狂热的共和党人、社会主义者，长于思考，也知道很多东西。他的妻子今天生下了一个孩子，所以他非常自豪，骄傲得像只孔雀，脸上发光，一副心满意足的神情。

其实比起画花，我更喜欢画人。画肖像也并不会耽误画风景，只要一有机会我就画。我还画了一个 12 岁的小女孩儿，棕色眼睛，黑色的头发和眉毛，淡黄粗糙的皮肤。她坐在一把藤椅上，穿红紫条纹上衣，和一条有橘色小点的深蓝色短裙，手拿一枝夹竹桃花。背景是淡淡的绿色，几乎是白的。我总在寻找同样的东西——肖像画，风景画，风景和肖像画。我也希望可以画一画今天刚出生的那个孩子。

我还画了一个没有花的花园，就仅是草地，刚割过草，一片亮绿，灰色的干草堆成长长一条。一棵垂枝白蜡树，数棵雪松、丝柏，雪松泛黄，树冠是球状的，丝柏高耸入云，苍苍郁郁。夹竹桃树后是一块青蓝色天空。灌木丛在草地上投下片片蓝色的影子。

还给一个步兵画了半身像。蓝色制服，红黄饰物，天蓝的腰带，血红色帽子配蓝色缨穗，晒黑的皮肤，黑发短平头，猫一样的眼睛——橙色和绿色的，公牛那么粗的脖子上架着颗小小的脑袋。这幅画的背景是一扇浓绿色的门，几块橙色墙砖，白石灰。

你问我这儿热不热，还有我是不是要和别人同住。嗯，很有可能，会和一个非常聪明的画家一起，他也像其他印象派画家那样有许多烦恼，而且“骄傲”地患有肝病。前段时间，提奥买了他一幅很大的油画，画的是罗望子树、椰子树、香蕉树下一些穿着粉、蓝、橙、黄各种颜色棉布连衣裙的黑人女子，远处是一片海，就像《洛蒂的婚姻》中描写的那样。他去过马提尼克岛，曾在那儿的热带风光里创作。我们还有他的另一幅画，是拿我的习作交换来的，一条枯竭的河，紫色的泥浆，几摊水洼照映出钴蓝色天空，绿草，一个黑人男孩和一头红白色奶牛，一个穿蓝衣服的黑女人，一片绿色森林。他画起画来就像着魔似的，他什么都画。此刻他还在布列塔尼。我们应该会住一块儿，为了省钱，而且还能作伴。如果这两天我或者他能卖出一两幅作品，他就有旅费过来了。也许还会再冒出一些其他障碍，但总的来说还是很有希望的。就算这事不成，我还得独自一人，那么和其他人朝着同一个方向创作，即便各人有各人风格，也总有一种惺惺相惜的同志情谊，再说通信往来也饶有趣味。你的身体怎么样？我希望你好好的。你真该多到乡间走走。我近来不太好，吃不了东西，和你以前的情况差不多。不过大体上，我已经在好转了。假如身体强壮不起来，你和我这样体质的人就要想办法让自己聪明起来。所以做点事情吧，如能取得些许进步，也会有帮助的。

这儿的夏天真美啊，深沉醇厚的绿色，空气薄薄的，那么清新。尽管如此，广袤的大平原常让我强烈地思念起荷兰——两地平原的颜色相差无几，但这儿几乎没有山石。我特别喜欢颜色鲜艳的当地服饰，女人们、姑娘们穿着便宜简单的布料，但布料上有绿、红、粉、棕、蓝、紫各色条纹或圆点。白色的围巾，红、黄、绿色的阳伞。烈日一轮，硫黄一般的颜色，照耀着万物。天空蔚蓝无边，洋溢着无尽的欢愉，正如有时荷兰的天空布满无尽的阴郁。可惜没人能同时拥有两个极端。现在我必须停笔了。叔叔去世，对你和母亲来说是重大变故，对我们的阿姨来说当然更是如此。这事却给我一种古怪的印象，因为我心里的叔叔是由很久远的记忆构成的。从前那么熟悉的人，竟然变成了陌生人，这真是很怪异的感觉。我想你一定能理解我的感受。从这个角度看，人的一生何异于一场梦，从此一切又重归于简单，病重者踏上伟大的行程。当然我的感情和你是相似的。提奥也一定感怀唏嘘，他和叔叔接触更多，比我多得多。母亲这几天怎么样呢？我经常想念你们，从心底给你们最好的祝福。

文森特

工作令我分身不暇，心里几乎再难容下其他事情了。

我的地址是：拉马丁广场 2 号，阿尔勒市

交换肖像

自离开巴黎后，凡·高与保罗·高更、埃米尔·伯纳德通信不断，互寄作品的草图和相片汇报各自艺术上的进展。那时凡·高提出要设一个“南方画室”，艺术家们可在画室一同创作，推动现代艺术发展。他邀请伯纳德和高更来阿尔勒，成为南方画室首批艺术家。商量之下，三人决定先交换各自的肖像作品。对凡·高来说，这次肖像交换是合作的第一步，先在精神上达成联结。凡·高已经完成一幅自画像，他提议两位朋友互画对方的肖像。这次交换他们也让画家查尔斯·拉瓦尔（Charles Laval）加入了进来。那时拉瓦尔正与高更和伯纳德一起在布列塔尼创作，不过凡·高并不认识他。

凡·高很好奇朋友们究竟会怎么画，于是一直等收到他们寄来的作品后才把自己的寄出。年轻的伯纳德早就表示不敢为高更画像，因为他觉得高更的画艺远在自己之上。因此这两位最终画的都是自画像，但在自画像里又加入了一幅对方的肖像。伯纳德对高更的尊崇在自画像里一目了然，画中的他自己偏居一侧，高更却在画面中央。凡·高很喜欢这幅作品，不仅因为他自己也和伯纳德一样崇拜着高更，而且因为画中包含了所有在凡·高看来一幅现代油画不可或缺的元素：形象逼真、构图平面化、色彩强烈。画面右下角露出一张日本浮世绘版画的一部分，这既体现了伯纳德和凡·高一样对日本艺术感兴趣，也突出了画面之平。题献“致友人文森特”几个字则强调二人的友谊与合作。

而高更的自画像却令凡·高颇有些失望。这幅自画像反映出高更的自我形象，即他是如何看待自己的艺术家身份的。高更曾来信说明自己想在这件作品中表达的理念，他在画中自比为雨果小说《悲惨世界》里的罪犯冉·阿让，心地善良却遭社会鄙弃排斥。喜欢雨果小说的凡·高当然能一眼明白此中意味，高更这位当代艺术家也处处遭人误解非难。高更还进一步解释，背景上那些“孩子气”的花朵意在表达艺术家灵魂之纯净，这种观念显然凡·高也感同身受。凡·高很欣赏高更的想法，可亲眼看到作品后他认为高更的表达过于悲伤绝望。凡·高希望高更来到阿尔勒后能乐观起来，往后的风格也会变得积极一些。

凡·高把建立艺术家团体看得至关重要，他的那幅自画像就是围绕着“团体”这个概念创作的。凡·高画的自己剪了发，细长的眼睛，画家在探寻“一个僧侣般的人物，佛祖般素朴的信徒”。因为按凡·高所知，日本和尚就过着一种团体生活，

上图：凡·高把这幅自画像赠予拉瓦尔，感谢他参与肖像交换。

对页下图：高更这幅自画像中提到了雨果的小说《悲惨世界》，他把自己表现为冉·阿让式的社会边缘人。

右图：查尔斯·拉瓦尔的自画像，寄去阿尔勒给凡·高，虽然二人并不相识。

查尔斯·拉瓦尔 CHARLES LAVAL（1862—1894）

因患肺结核而英年早逝的拉瓦尔出生于富贵之家，在莱昂·博纳（Léon Bonnat）在巴黎的画室学过一阵绘画。1886 年，他在布列塔尼结识高更，第二年随高更前往巴拿马和马提尼克岛。1888 年夏季，两人又在布列塔尼一同创作，那时一起的还有许多其他艺术家，埃米尔·伯纳德也在他们的圈子里。正是伯纳德告诉凡·高，拉瓦尔也想参加肖像交换。凡·高欣然应允，这样他和弟弟提奥的当代艺术收藏里又能多一幅作品。

一同居住、劳作，彼此启发，与自然和谐相处。这种理想化图景正是凡·高艺术信条的核心：创作亲近自然、同行亲密合作、产出丰富成果。除了表达自己对团体的追求，凡·高的自画像也通过色彩运用强调他个人对艺术的贡献：鲜绿色背景衬出明亮的头部，凸显了凡·高肖像画艺术的成就。

保罗·高更 PAUL GAUGUIN（1848—1903）

高更的第一份事业是证券经纪，那时他只在业余画画。随着他在艺术上越发投入，高更干脆放弃工作全心创作，导致经济上很拮据。后来高更踏上航船去了远方，如马提尼克岛和波利尼西亚群岛等地，远行的经历深刻影响了他的艺术风格。高更从太平洋海岛回来后，1887年底与凡·高结识。高更的作品深深打动了凡·高兄弟二人，凡·高催促提奥在画廊代理高更的作品。

上图：埃米尔·伯纳德为交换而作的自画像。出于对高更的尊敬，伯纳德把自己安排在画布边缘，中心位置留给高更像。

对页图：凡·高把这幅自画像送给了朋友。他把自己画成日本和尚的模样，既是表达对日本的敬慕，也是表明自己对艺术创作的绝对忠诚。

“南方画室”

上图：这幅公园风景画是凡·高专为装饰“黄房子”里高更那个房间而画的系列作品之一。

上图：凡·高这幅油画受到了高更的影响，依凭记忆创造出了这个画面，但他参考了以前在荷兰完成的作品。

凡·高一直梦想着在法国南部设一个画室，为了付诸实践，他决定在阿尔勒租个屋子。在咖啡馆借住几个月后，凡·高终于有了自己的家。他的“黄房子”就在离车站咖啡馆不远的拉马丁广场。搬进去前，凡·高把屋子修缮了一番，室内刷白，买入家具，屋子还有第二间卧室，这样来画室的艺术家朋友便能留宿。起初凡·高想请埃米尔·伯纳德、保罗·高更还有其他画家都来他的“南方画室”，可渐渐他的精力聚焦到了高更身上。那时高更在新一代艺术家中已经小有名气，凡·高对他的作品非常赞赏。

凡·高期盼着与高更的合作。为了制造能激发创意的氛围，他在室内挂了些油画作装饰。他还画了一系列公共花园风景画，命名为《诗人的花园》，这批作品专用来装饰高更的房间。“诗人的花园”命名灵感来自凡·高读到诗人彼得拉克和薄伽丘的故事，彼得拉克和薄伽丘就是在一起创作，他们的友谊产出了不凡的作品。凡·高写信给高更：“我想使人们看到我画的花园就联想到老诗人——彼得拉克……同时也想到住在这儿的新诗人——保罗·高更。”

高更却诸多犹豫，拖拉着不去南方找凡·高。到了10月，

高更终于前来，因为正在代理高更作品的提奥表示他会支付旅费和花销。于是有了凡·高和高更共同生活、一起创作的两个月，二人从中都收获良多。然而两位画家的艺术创作和生活方式有着根本分歧，彼此间的竞争也很激烈。凡·高认为高更的天赋和能力超过自己，认为在自己与高更的合作中也是高更技高一筹。不过，凡·高自离开巴黎以来已有大幅进步，并且创作了许多重要的作品，对此他自己和高更都很清楚。

凡·高作品中让高更印象深刻的有一幅《夜间咖啡馆》（见第 100 页），画家用戏剧化的红绿对比色来表达“人的可怕的激情”。这激烈的、表现力极强的画面促使高更创作了自己的夜间咖啡馆。但高更在这幅画中却讽刺了凡·高几个要好的阿尔勒朋友。咖啡馆的女主人吉努夫人——凡·高画过她的肖像，出现在

对页图：1888 年，“黄房子”成了凡·高在阿尔勒的家。“黄房子”就是南方画室所在地，凡·高计划请艺术家朋友来这里一同创作。

上图：凡·高把“黄房子”里自己的卧室表现为如绿洲般舒适的休息场所。画中墙上所挂也是他自己的作品。

画面的前景中，背景则是邮差鲁兰和几位妓女坐在一起，这就使吉努家的咖啡馆蒙上了可疑的名声。凡·高当然不会太高兴。

凡·高和高更不仅在画室里并肩创作，也一起去镇上或郊区写生。二人最根本的差异就在于创作方法。高更曾试图说服凡·高，凭头脑中的想象作画要比直接参照、模仿自然更好。而凡·高觉得这很难，因为他一直都习惯作画时有可参照的模型，不管是自然风景还是人物模特。虽然如此，凡·高还是听从高更的建议试过几次用想象作画，《埃滕花园的记忆》就是一例。这幅作品融合了他的许多回忆，对父母家在埃滕和尼厄嫩两地的花园的记忆，再加入母亲和妹妹的形象。可凡·高终归还是不满意这些尝试，很快又回归了自己的老路。

阿尔勒的古迹

凡·高偏爱乡村景致，所以很少描绘阿尔勒的城市风光以及城内多处伟大的古迹。可能是高更鼓动凡·高，两位画家才到阿斯利康墓地写生。阿斯利康是罗马高卢时期的遗迹，因为建造现代工程而遭到部分损毁，只余下一条林荫道沿着座座石棺蜿蜒。即便来到阿斯利康，凡·高的焦点依旧是自然而非古迹，他提到这批作品时称它们为“杨树落叶习作”。

对页上图：高更回应凡·高《夜间咖啡馆》而画的同一主题的作品。前景中是吉努夫人，凡·高曾画过她的肖像。

对页下图：凡·高的《夜间咖啡馆》，意在表现人的可怕激情。画中红与绿的对比，正是为了唤起这样的感觉。

上图：凡·高数次描绘过阿尔勒的古墓地阿斯利康（Les Alyscamps）。但他的兴趣不在古迹，而在于秋日的绮丽色彩。

向日葵与肖像画

上图：高更对凡·高画的向日葵静物系列不吝赞美，认为比莫奈这幅插在花瓶里的向日葵更胜一筹。对凡·高而言，这的确是高度的褒扬。

对页图：高更在阿尔勒画的凡·高像，记录下正在画向日葵的凡·高。

凡·高喜欢向日葵，爱它金黄的色泽、勃勃的生命力和它对于阳光和夏日的热情礼赞。他在巴黎时就画了很多向日葵，画过花园里的向日葵，也画过向日葵花冠的特写。到了阿尔勒，凡·高画插在花瓶里的向日葵花束，打算创作一组静物画来装饰他的“黄房子”。他很得意自己画的向日葵，后来写信给提奥：“花的色调，如炽热中熔化的黄金，这不是任谁都能做到的，这需要一个人把全副精力倾注于此。”

凡·高的向日葵让高更惊艳。他告诉凡·高自己喜欢这些向日葵，觉得它们胜过莫奈画的向日葵，这让凡·高感到十分骄傲。高更还趁机画了一张凡·高像，画里的凡·高正在画向日葵。日后凡·高如此评价高更给他画的肖像：“我真的就像这样，那时候很累，又仿佛浑身通着电一般。”

两人合作期间，凡·高计划在肖像画艺术上有所突破，他的雄心引发了又一轮竞争。夏天的时候，凡·高已经画过邮差鲁兰的肖像，高更到阿尔勒后，凡·高又着手画鲁兰一家。能有这样宝贵的机会，凡·高当然喜不自胜。高更对肖像画也有过一段短暂的兴趣，于是两位画家便相约为鲁兰夫人画像。虽是同一位模特，但二人最终的作品却迥然有别。凡·高笔下的模特坐在窗边，散发着母性光辉——鲁兰夫人有三个孩子，最小的孩子这年夏天才刚出生，出生的地点恰恰就在靠近窗子的地方。窗外有几盆球茎，也许画家刻意将这作为母性的象征。可能是受高更影响，凡·高放弃了惯常的颜料厚涂，但仍以最爱的黄色为主色，并以红色提亮了模特的绿上衣。而高更则将身形丰满的模特平面化处理，背景是他自己的一幅油画《蓝色的树》（*The Blue Trees*）。高更的画笔不愿对模特做过多主观评价，更注重实现自己的艺术风格，颜料涂层很薄，似乎有意最大化偏离凡·高的风格。

凡·高继续肖像组画的创作，画了鲁兰家里每一个成员。

有“一家子”做模特，意味着凡·高能够提出整套色彩对比方案，给每一张肖像做出特别诠释。凡·高创作农人、诗人、爱人的肖像时，一直在思索如何表现不同的人物类型。这次难得有鲁兰一家人当模特，他们既是一个集体，但每个人又有各自的角色，年龄有大有小，情绪也不尽相同。这组肖像画让人怀想起凡·高早年画的《吃土豆的人》(见第 32 页)，一家人围坐着共进晚餐。这次则是为家庭的每个成员单独画像，每幅肖像的用色各有不同但又彼此关联。

向日葵

几个世纪以来，无论在基督教语境里还是世俗生活中，人们总把面朝太阳开花的向日葵与爱和奉献联系在一起。19 世纪文学和艺术常常运用向日葵这一象征意义，凡·高一定知道许多这样的例子。凡·高把向日葵理解为夏日和友情的符号，1890 年初他还提到，他的向日葵也是在言说一种感激之情。

上图与对页图：凡·高创作了一组向日葵静物，计划用于“黄房子”的室内装饰。他认为这一系列可算在自己最成功的作品之列。

Vincent

上图及其后三图：凡·高因为有机会为鲁兰全家画像，十分激动。这组肖像表现了不久前生下一女的奥古斯蒂娜·鲁兰、阿尔勒火车站的邮差约瑟夫·鲁兰，以及两人的儿子阿尔芒和卡米耶。

右图：凡·高为鲁兰夫人画像的同时，高更也画了一幅鲁兰夫人像，高更的鲁兰夫人坐在“黄房子”里的椅子上。凡·高强调鲁兰夫人的母性，画中为自然景观保留了一隅之地。高更将人物平面化处理，背景放置着一幅他自己的画作。

POSTES

精神崩溃

凡·高与高更的合作渐入歧途，显然这两位艺术家并不适合同居共事。二人的个性都至为鲜明，好胜心强，艺术上也各有偏好，再加上凡·高又很情绪化，易冲动，所以争端和误解当然在所难免。1888年12月中旬以来，二人相处越来越不顺利，以至于高更致信提奥表达想走的意愿，但最终还是留了下来。这一切对凡·高而言更是糟糕透顶，因为他意识到他的“南方画室”朝不保夕，自己的艺术理想恐怕也会跟着摇摇欲坠。

我们并不清楚事情的究竟（所有的相关报道都是他人的附会或经过了窜改），但12月23日那天，二人的紧张关系到了不可收拾的局面，高更索性从“黄房子”出走，到一家旅馆过夜。凡·高绝望至极，竟割下自己的一小块耳朵，包起来献给了一个妓女。事后凡·高返回家中，因失血而昏迷过去，第二日才被警察发现。他被送进阿尔勒医院，在那儿饱受噩梦与幻象的折磨。

出乎身边所有人的意料，凡·高几天之后就痊愈了。身体和精神都恢复过来的凡·高马上投入了创作。他画了两幅耳朵上缠着绷带的自画像（见第54页），作品显示他的“艺术能力”尽在掌控之中。1889年的头几个月，肖像画成了凡·高创作的重心。他完成了又一幅鲁兰夫人像，这是他从上一年12月就开始画的。凡·高称这幅作品为《摇篮曲》（*La Berceuse*），凭借这幅作品他达成了自己的目标，使肖像画超越模特的个性，产生额外的意义。正是鲁兰夫人的母性启发了这幅肖像的构思，模特手中的绳索表明她身边有只摇篮，摇篮里躺着个婴儿。凡·高画作的象征意义常常来源于他本人阅读的文学作品。关于这幅鲁兰夫人像，凡·高特别提到了荷兰作家弗雷德里克·凡·埃

左图：凡·高精神崩溃后入住阿尔勒医院接受治疗，这是他画的医院花园。

对页图：这幅凡·高称为《摇篮曲》的鲁兰夫人像是画家最重要的肖像作品之一。他一共画了五个版本，并一再强调这幅作品具有抚慰人心的功能。

高更的素描

高更离开阿尔勒前并没去医院探望凡·高，虽然这让凡·高失望至极，但他仍然钦佩高更的艺术造诣，并筛选了二人合作中有助于自己创作的部分进一步加工打磨。凡·高以高更那幅吉努夫人素描为蓝本创作了一系列肖像。他这样向高更说明：“我对您的素描带着宗教般的虔诚，但我自由地运用色彩来诠释您创作的这个冷静的人物。”

下图：凡·高借用高更的吉努夫人素描，施以颜色，用不同的色彩组合来表现这位阿尔勒女性。

对页图：这幅鲁兰像凡·高也画了好几个版本。和《摇篮曲》一样，每个版本背景上的装饰性花卉都有少许变化。

天才与疯癫

我们无从知晓凡·高究竟得的是什么病，据他在圣雷米的医生判断是癫痫。凡·高平时抽烟、酗酒、营养不良、情绪极易激动，无论什么病情都会因此恶化。19世纪时，人们常把天才与疯癫联系起来，并且普遍认为艺术家天性中的高度敏感与艺术创作的非理性层面会造成精神错乱。很快，凡·高的作品和病痛也开始被这样解读，很多人猜测他是个疯子。

POSTES

登（Frederik van Eeden）和法国作家皮埃尔·洛蒂（Pierre Loti）。尽管这两位作家风格迥异，但读了弗雷德里克·凡·埃登的作品后，凡·高萌生了创作一曲“彩色摇篮曲”的想法，一幅能如慈母般或圣母玛利亚那样慰藉人心的油画。它也能为孤独者或危难中的人们，比如洛蒂小说里远海上的渔人，带去安慰。虽然凡·高是面向大众创作这幅作品的，但也反映出画家本人正处在脆弱之中渴求安抚。同一时期，凡·高又开始画邮差鲁兰的肖像。在凡·高最艰难的时刻，鲁兰一直是不离不弃的真心朋友。这回画的鲁兰像和鲁兰夫人像凡·高后来又画过多个版本。和前一年把油画成品转化成素描类似，这次凡·高也只挑选自认为比较成功的作品进行复制，因为他想送一份给提奥，一份给模特，还能有一份拿去艺术品市场交易。

上图：1889 年春，凡·高又画了阿尔勒鲜花盛开的果树，但用色和笔触与上一年同一主题的那些作品已大相径庭。

鲁兰像和鲁兰夫人像都以花卉作为背景，让人想起凡·高很不喜欢的那幅高更自画像。凡·高自己给这两幅肖像的背景花卉赋予了另一种意义：他的花是色彩的抽象，代表着友谊、关爱和慰藉。

1889 年的前几个月，凡·高的病情反反复复，令他对前途颇感焦虑。邻居表现出来的不信任更加重了事态，凡·高断定自己已经没法在阿尔勒继续一个人住下去了。他想住到一个能随时得到照料的地方，最终入住了普罗旺斯地区圣雷米小镇的一家精神病疗养院。

凡·高的邻居们致阿尔勒市长的信，请求市长帮助

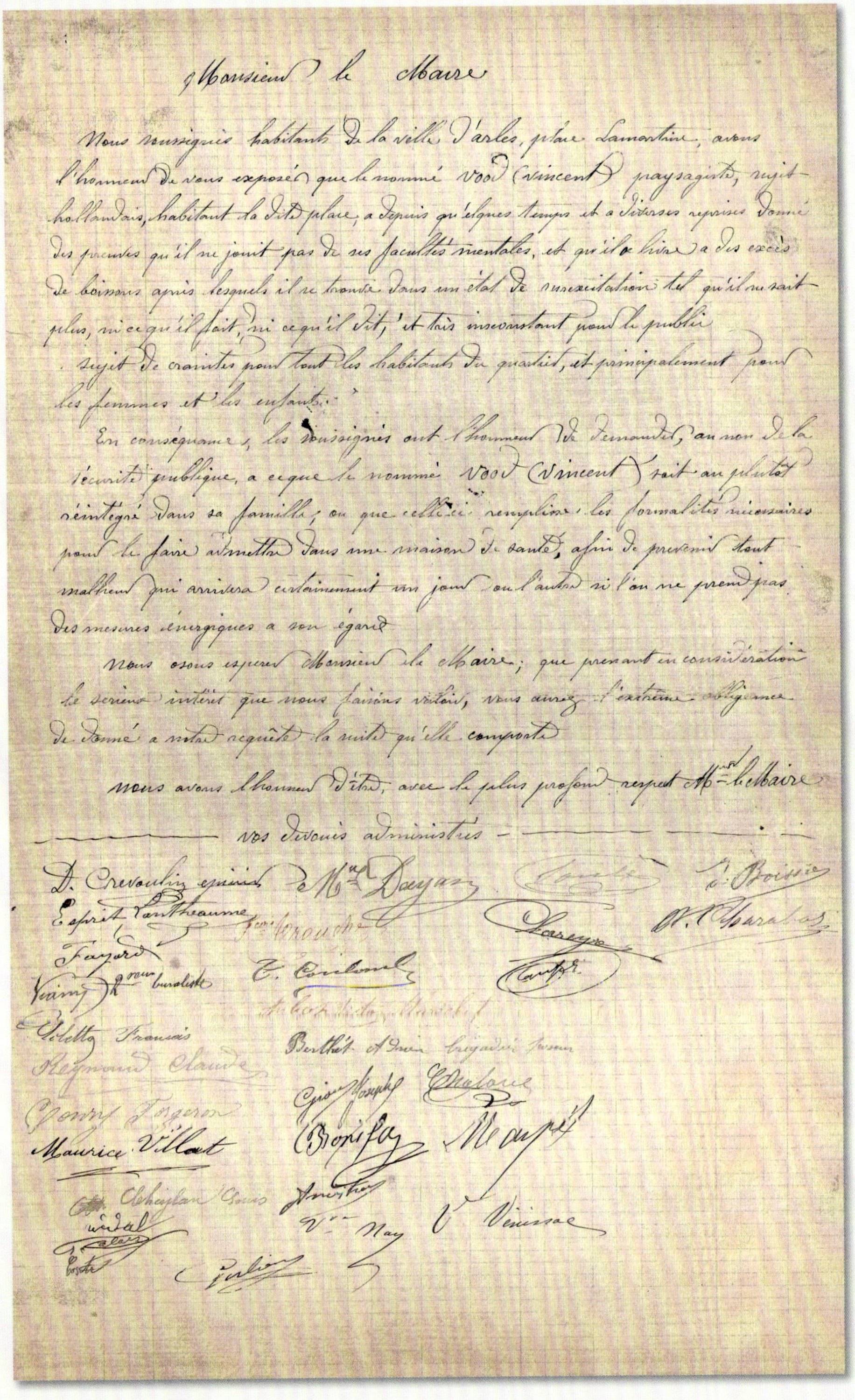

Monsieur le Maire

Nous soussignés habitants de la ville d'Arles, place Lamartine, avons l'honneur de vous exposé que le nommé Vood (Vincent) paysagiste, sujet hollandais, habitant la dite place, a depuis quelques temps et à diverses reprises donné des preuves qu'il ne jouit pas de ses facultés mentales, et qu'il se livre à des excès de boissons après lesquels il se trouve dans un état de surexcitation tel qu'il ne sait plus, ni ce qu'il fait, ni ce qu'il dit, et très inconstant pour le public sujet de craintes pour tous les habitants du quartier, et principalement pour les femmes et les enfants.

En conséquence, les soussignés ont l'honneur de demander, au nom de la sécurité publique, à ce que le nommé Vood (Vincent) soit au plutôt réintégré dans sa famille, ou que celle-ci remplisse les formalités nécessaires pour le faire admettre dans une maison de santé, afin de prévenir tout malheur qui arrivera certainement un jour ou l'autre si l'on ne prend pas des mesures énergiques à son égard.

Nous osons espérer Monsieur le Maire, que prenant en considération le sérieux intérêt que nous faisons valoir, vous aurez l'extrême obligeance de donné à notre requête la suite qu'elle comporte.

Nous avons l'honneur d'être, avec le plus profond respect Mr le Maire

vos dévoués administrés

D. Crevoulin épicier

Esprit Pantheaume

Fayard

Soletti François

Reynaud Claude

Maurice Villat

Bonifay

Vve Nay

V Vénissac

市长先生：

我们是阿尔勒市拉马丁广场地区的居民，特联名向您呈报如下：一名为文森特的男子，是风景画家，荷兰人，暂住上述地区，多方面表现出精神失常的迹象且已持续数日。此人酗酒成性，酒后兴奋过度常至于意识丧失、言行失控，当地居民深感困扰，尤为妇女儿童担忧。是以，我们签名者以公共安全的名义请求遣返此人，或办理必要手续以便其住院治疗。如不积极采取行动帮助此人，来日必有不幸发生。此事关乎居民安危，我们斗胆请愿，望市长先生予以慎重考虑。市长先生，我们怀着最深的敬意，愿做您忠诚的仆人。

左图：通过信件，凡·高得知他的阿尔勒邻里竟联名上书市长，要让他进不了自己家门，大受打击。

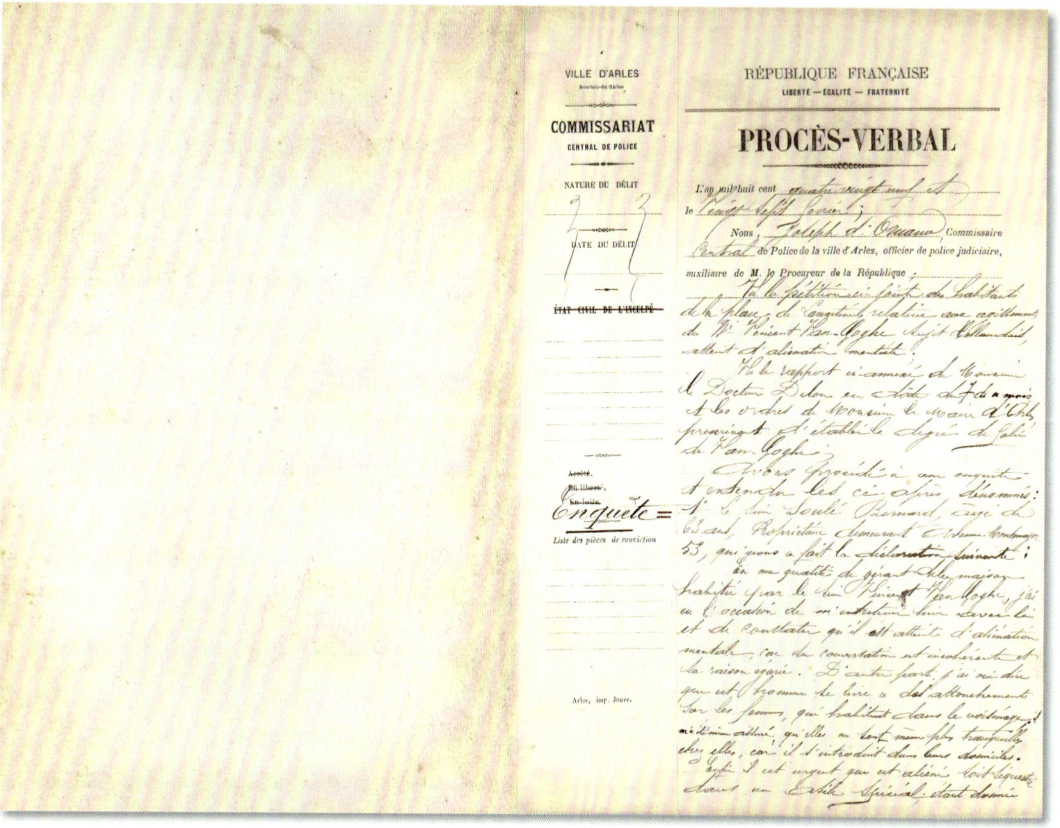

VILLE D'ARLES
Bouches-du-Rhône

COMMISSARIAT
CENTRAL DE POLICE

NATURE DU DÉLIT

DATE DU DÉLIT

~~ÉTAT CIVIL DE L'INCULPÉ~~

~~Arrêté.~~
~~En liberté.~~
~~En fuite.~~
Enquête =

Liste des pièces de conviction

Arles, imp. Jouve.

RÉPUBLIQUE FRANÇAISE
LIBERTÉ — ÉGALITÉ — FRATERNITÉ

PROCÈS-VERBAL

L'an mil huit cent quatre vingt neuf et le vingt sept février ;

Nous, Joseph d'Ornano, Commissaire Central de Police de la ville d'Arles, officier de police judiciaire, auxiliaire de M. le Procureur de la République ;

Vu la pétition ci-jointe des habitants de la place de Lamartine, relative aux agissements du Sr Vincent Van-Goghe sujet Hollandais, atteint d'aliénation mentale ;

Vu le rapport ci-annexé de Monsieur le Docteur Delon en date du 7 de ce mois et les ordres de Monsieur le Maire d'Arles prescrivant d'établir le degré de folie de Van-Goghe ;

Avons procédé à une enquête et entendu les ci-après dénommés :

1° Le sieur Soulé Bernard, âgé de 63 ans, Propriétaire demeurant Avenue Montmajour 53, qui nous a fait la déclaration suivante :

En ma qualité de gérant de la maison habitée par le sieur Vincent Van Goghe, j'ai eu l'occasion de m'entretenir hier avec lui et de constater qu'il est atteint d'aliénation mentale, car sa conversation est incohérente et sa raison égarée. D'autre part, j'ai oui dire que cet homme se livre à des attouchements sur les femmes qui habitent dans le voisinage, et même on m'a assuré qu'elles ne sont même plus tranquilles chez elles, car il s'introduit dans leurs domiciles.

Enfin il est urgent que cet aliéné soit séquestré dans un Asile Spécial, étant donné

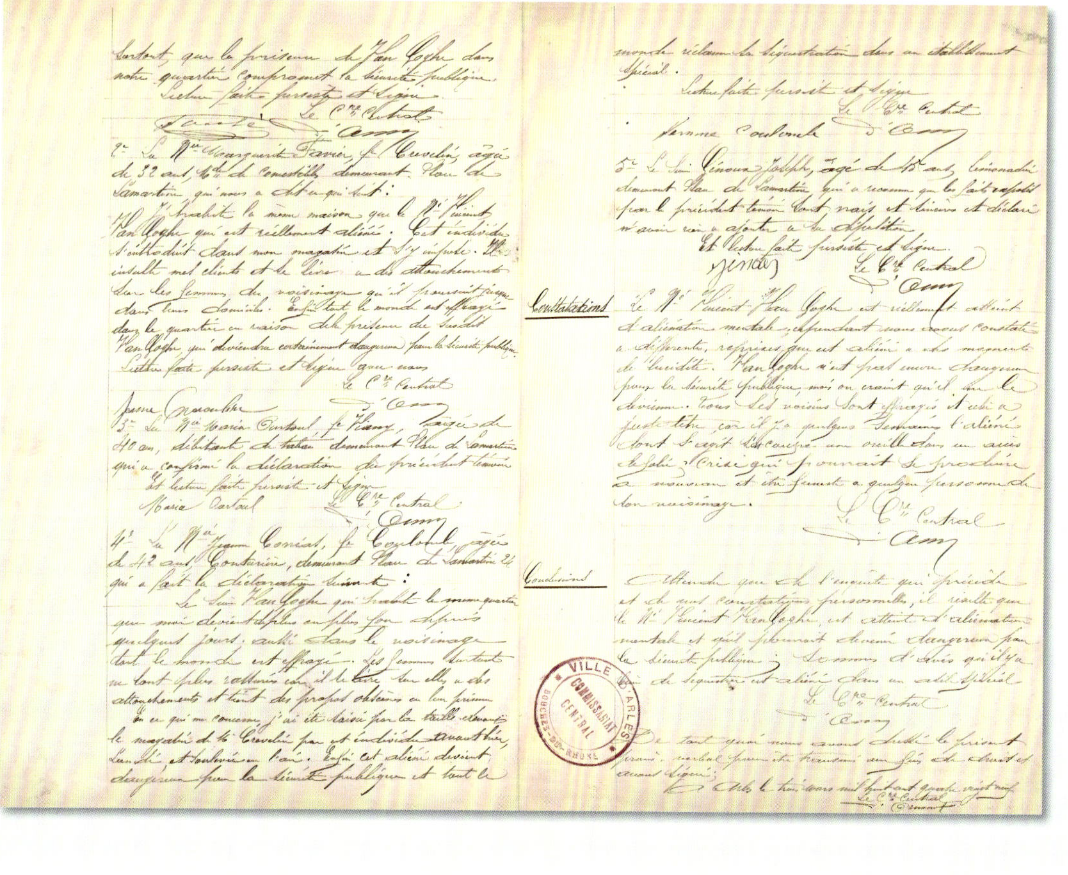

surtout que la présence de Van Goghe dans notre quartier compromet la sécurité publique.

Lecture faite persiste et signe.

Le Cre Central
Soulé
d'Ornano

2° La Dme Marguerite Favier, fe Crevelin, âgée de 32 ans, Mde de comestibles demeurant Place de Lamartine qui nous a dit ce qui suit :

J'habite la même maison que le Sr Vincent Van Goghe qui est réellement aliéné. Cet individu s'introduit dans mon magasin et s'y impose. Il insulte mes clients et se livre à des attouchements sur les femmes du voisinage qu'il poursuit jusque dans leurs domiciles. Enfin tout le monde est effrayé dans le quartier en raison de la présence du susdit Van Goghe qui deviendra certainement dangereux pour la sécurité publique.

Lecture faite persiste et signe avec nous

Le Cre Central
femme Crevelin
d'Ornano

3° La Dme Maria Cartoul, fe Viany, âgée de 40 ans, débitante de tabac demeurant Place de Lamartine qui a confirmé la déclaration du précédent témoin

Et lecture faite persiste et signe

Maria Cartoul
Le Cre Central
d'Ornano

4° La Dme Jeanne Coniat, fe Coulomb, âgée de 42 ans, Couturière, demeurant Place de Lamartine 24 qui a fait la déclaration suivante :

Le Sieur Van Goghe qui habite le même quartier que moi devient de plus en plus fou depuis quelques jours, aussi dans le voisinage tout le monde est effrayé. Les femmes surtout ne sont plus rassurées car il se livre sur elles à des attouchements et tient des propos obscènes en leur présence.

En ce qui me concerne, j'ai été saisie par la taille devant le magasin de Mme Crevelin par cet individu avant-hier, Lundi, et soulevée en l'air. Enfin cet aliéné devient dangereux pour la sécurité publique et tout le monde réclame sa séquestration dans un établissement Spécial.

Lecture faite persiste et signe

Le Cre Central
femme Coulomb
d'Ornano

5° Le Sieur Ginoux Joseph, âgé de 45 ans, Limonadier demeurant Place de Lamartine qui a reconnu que les faits rapportés par le précédent témoin sont vrais et sincères et déclare n'avoir rien à ajouter à sa déposition.

Et lecture faite persiste et signe.

Ginoux
Le Cre Central
d'Ornano

Constatations

Le Sr Vincent Van Goghe est réellement atteint d'aliénation mentale, cependant nous avons constaté à différentes reprises que cet aliéné a des moments de lucidité. Van Goghe n'est pas encore dangereux pour la sécurité publique, mais on craint qu'il ne le devienne. Tous ses voisins sont effrayés et cela à juste titre, car il y a quelques semaines l'aliéné dont s'agit s'est coupé une oreille dans un accès de folie. Crise qui pourrait se produire à nouveau et être funeste à quelque personne de son voisinage.

Le Cre Central
d'Ornano

Conclusions

Attendu que de l'enquête qui précède et de nos constatations personnelles, il résulte que le Sr Vincent Van Goghe, est atteint d'aliénation mentale et qu'il pourrait devenir dangereux pour la sécurité publique ; Sommes d'avis qu'il y a lieu de séquestrer cet aliéné dans un asile Spécial.

Le Cre Central
d'Ornano

VILLE D'ARLES
COMMISSARIAT CENTRAL
BOUCHES-DU-RHÔNE

De tout quoi nous avons dressé le présent procès-verbal pour être transmis aux fins de droit et avons signé ;

Arles le trois mars mil huit cent quatre vingt neuf.

Le Cre Central
d'Ornano

阿尔勒警局关于凡·高的调查报告，1889 年 2 月 27 日

1889 年 2 月 27 日，本人，阿尔勒市中央警局局长、司法警官、共和国检察官助理，已阅看拉马丁广场居民就荷兰籍男子文森特·凡·高因精神疾病而产生的不端行为提送的请愿书，以及德隆医生本月 7 日针对凡·高的检查报告。接阿尔勒市长命令要求对该男子精神失常程度作出判断，特向以下有关人员展开调查询问，记录在案。

询问记录：

1. 苏莱·伯纳德，63 岁，蒙马儒大道 53 号业主，声明如下：

这个文森特·凡·高租住着我管理的那栋房子。作为管理人，我昨天和他谈过话，据我观察他已经精神错乱，说话语无伦次，思绪飘忽。而且我听说他几次三番对女人动手动脚，邻居们即使在自己家里也不能保证安全，因为他还擅自闯入别人家去。考虑到凡·高会危害这里的公共安全，应尽快将此人送入精神病院。证词确认、签名。（后面是证人和中央警局局长签名）

2. 玛格丽特·法维耶夫人，配偶克里夫林，32 岁，食品商，住拉马丁广场，她告诉我们：

我和这个文森特·凡·高住同一幢房子，这个人真是疯了。他到我店里来，硬缠着我不放，骚扰其他客人，还占女人的便宜，甚至跟踪女人到她们家里去。每次这个凡·高一露面，大家就紧张起来，他就是公共安全隐患。证词确认、签名。（后面是证人和中央警局局长签名）

3. 玛丽亚·奥托尔夫人，配偶维亚尼，40 岁，烟草零售商，住拉马丁广场。确认前一位证人所言属实。证词确认、签名。（后面是证人和中央警局局长签名）

4. 让娜·库伦女士，42 岁，裁缝，住拉马丁广场 24 号，声明如下：

凡·高和我住同一片区，精神不正常已经好一段时间了，而且疯得越来越厉害，邻里都很不安。特别是女人们的安全没有保障，因为他老是动手动脚、说下流话。前天，礼拜一，在克里夫林太太的店门口，这人抱住我的腰，把我举到了半空。这个疯子已经威胁到公共安全，大家请求把他尽早送入精神病院。证词确认、签名。（后面是证人和中央警局局长签名）

5. 吉努·约瑟夫先生，45 岁，咖啡馆老板，住拉马丁广场，证明前一位证人的陈述真实、真诚，并表示自己没有任何补充。证词确认、签名。（后面是证人和中央警局局长签名）

警方核实：

该名为文森特·凡·高的男子确系精神失常，但据我们观察，许多时候他的神志还算比较正常。目前为止，凡·高并未对公共安全造成实质危害，但已构成潜在威胁。所有邻居因他担惊受怕，他们的害怕不无道理，因为几周前此人精神病发作割下了自己的耳朵。这种情况可能再次发生并殃及邻人。中央警局局长（签名）

结论：

经询问相关人员并核实情况，证实文森特·凡·高的精神状态不稳定，可能危及公共安全。据此我们建议将该男子送入精神病院监禁治疗。中央警局局长（签名）

本报告记录的一切内容皆依据法定权利进行，本人已在此签名。

1889 年 3 月 3 日阿尔勒市中央警局局长

凡·高写给提奥一封信里的几页，圣雷米，1889 年 5 月 22 日

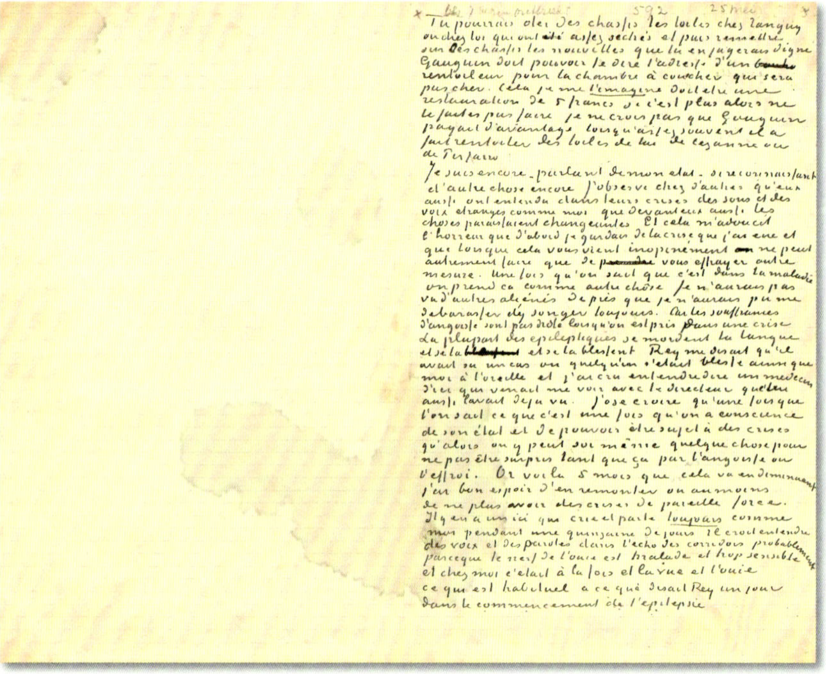

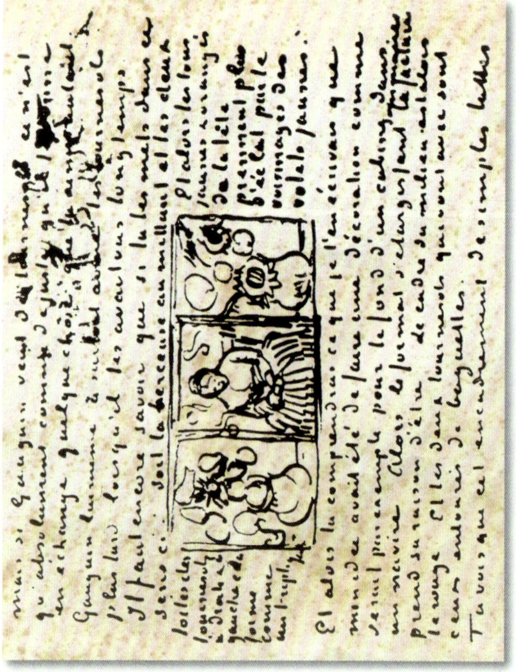

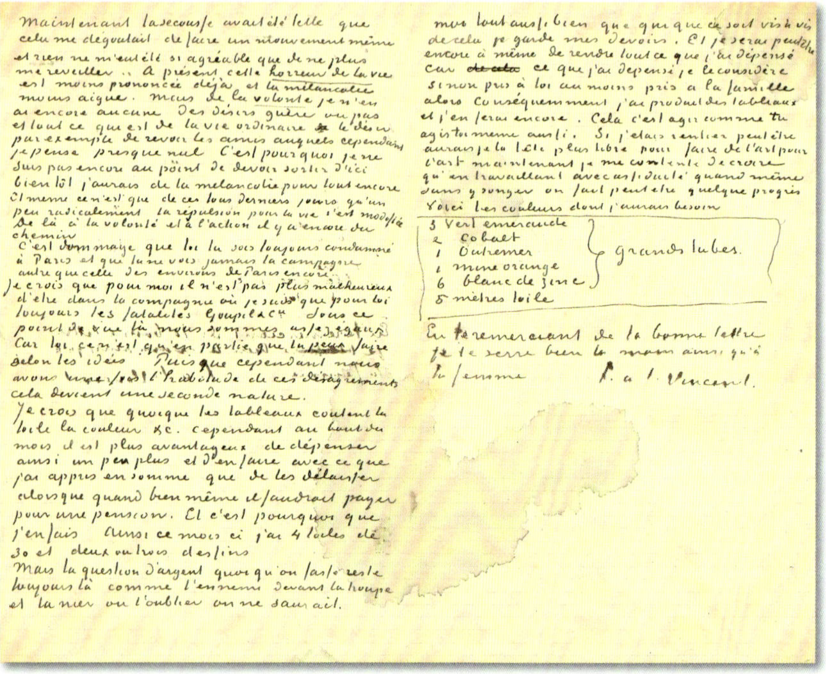

上图：在这封信中（图中是节选片段）凡·高提出要把肖像画《摇篮曲》制成三联画，两翼各一幅向日葵油画。

亲爱的提奥：

刚收到你的一封来信，读后颇感快慰。你说展览上有两幅 J.H. 魏森布鲁赫的画——但我印象里他已经去世了，是我弄错了吗？当然他是个很棒的艺术家，也是个体面、大度的家伙。你关于《摇篮曲》的那番话，我看了很高兴。你说得很对，那些看彩色石印画就能满足、听街头手摇风琴就会陶醉的普通人，有时他们的感觉竟是准的，也许他们比某些光顾沙龙的上流绅士更真挚。假如高更接受的话，给他一张《摇篮曲》的复制件，也找点什么送给伯纳德，作为友谊的象征，）

但是如果高更想要《向日葵》，那他得拿东西交换，而且换给你的必须是你也同样喜欢的作品，这才公平。因为高更看久了它以后，更喜欢这张画。

你该知道，如果这样排布，《摇篮曲》在中间，左右各一幅《向日葵》，这就好像变成了一幅三联画。[此处信上画了三联画草图] 那么头像的黄色和橙色色调就会越发明亮，因为得到相邻两翼黄色向日葵的烘托。这样你就能理解我信里和你说过的，我的想法是把画作为装饰，比如挂在船舱里。随着尺寸增大，简略的技法就显得合理了。中央那幅用红色画框，两边的《向日葵》是细条边框。你看，普通的画框就很合适，而且这种画框成本也小。也许把红绿葡萄园这么裱起框来也会很不错，《播种者》《犁沟》《卧室》那几幅也是。

[此处是另一幅草图：绕满常春藤的树干] 这幅是新画的，30 号尺寸，描绘绿色苍翠中老旧的爱巢，草图看上去还是和石印画一样粗劣。粗大的树干上覆满了常春藤，地面也是枝枝蔓蔓的常春藤、长春花，一条石凳，一丛玫瑰，花色在阴凉的树影里很浅淡。前景是一些带白色花萼的植物。画面是绿的、紫的、粉的。关键就在于如何赋予风格——不幸的是劣质石版画难以保留原画风格，街头手摇风琴也一样。自从来到这里，有画不完的东西，荒弃花园里高耸的松树，蓬乱疯长的草木与杂芜的野草交缠着，我还没到外面去过。

[中间缺失几页信纸] 你可以把唐吉那里的画或你这边的画从支架上拿下来，如果干了的话，挑一些你认为值得一挂的新作品换上去。高更应该可以告诉你上哪儿能给《卧室》换内衬而且不至于太贵。修复一下，我想，应该要花 5 法郎。如果要更多，就别弄了。以前高更也修过好多次，修过他自己的画也修过塞尚、毕沙罗的，我确定他付的不超过这个数。至于我的情况，我又多了件值得庆幸感激的事。我发现别人发病的时候，也会幻听到各种声音和奇怪的人声，事物似乎就在他们眼前变了形，和我的情况一样。这让我轻松不少，而原来每次回想起第一次发病，我一直很惊恐，那么突然地袭来，毫无预兆。一旦你知道这个病就是这样的，你便能坦然接受了。要不是看到身边这些疯人，我恐怕就会无时无刻不想这个事情。因为发病的时候，那种折磨和痛苦可不是闹着玩的。

大多数癫痫病人都会咬舌，伤害自己。雷告诉我他见过一个割耳朵的病例，和我一样。这儿有个医生，和院长一起来看我，我好像听他说他也见过这样的。我想，一旦知道了是什么，意识到自己的病情以及会时不时发病，那就可以做点什么，免得以后再弄个措手不及。因为过去 5 个月来好转很多，我真希望能治愈啊，至少发作起来不再那么凶险。

这里有个人一刻不停地喊啊，说啊，整整闹腾了两个礼拜。他觉得自己听到走廊里回响着各种人声和话语。这很可能是因为听觉神经的毛病，过分敏感。而我则是视觉和听觉同时出问题，按照雷某天对我说的，在癫痫病发病之初这种症状很普遍。

之前休克发得厉害，只是动一动就觉得恶心，我甚至想最好昏过去就别醒了。现在已不再那么惧怕“活着”，抑郁也缓解很多。但还是意志力全无，也几乎没有任何欲望，对正常人生活中想做的事都缺乏兴趣——比如拜访朋友，尽管我确实想念朋友们。这就是为什么近期我还没准备好离开这里。我会再次厌倦一切的。而且，我对生活的厌弃态度是直到这几天才有了明显转变。可要从眼下的状况到恢复健全的意志和行动力，还有很长的路要走。多么遗憾啊，你只能留在巴黎，除了巴黎附近从没去这个国家的其他地方走走看看。我想，现在我身边虽是这些家伙做伴，倒也不比你惨，成日被古比尔的那些倒霉蛋包围。这么看我们俩的处境也差不多。因为你也只能部分实践你的想法。不过一旦习惯了那些困难，就得心应手了。虽然这些画大口吞噬着画布、颜料，可到了这个月月末我已经确信，既然你无论如何都得替我出食宿的费用，那再多花点钱在画画上，毕竟意味着还能有所回报，能将我所学的利用起来而不至于完全放弃。所以我还在坚持画，这个月我画了四张30号尺寸的油画，两三张素描。可钱的问题，不管做什么，总是在那里，就像军队要面对敌人，没法不承认它也没法忽视它。

和其他人一样，我知道自己的责任在哪里。而且我可能还还不清自己花掉的全部，我花的钱就算不说是你给的，也至少是欠家里的。所以我一直在画，也应该再多画些出来。这么做和你的做法是一致的。如果我是有钱人，也许思想会更自由，可以为艺术而创作艺术。可目前我满足于勤奋工作这个想法，即便不去想进步，我也许也会有所进步。

下面是我需要的颜料：

3 份翠绿

2 份钴蓝

1 份群青

1 份铅橙（大管）

6 份锌白

5 米画布

感谢你来信，热情握你的手，也同样握你妻子的手。

你永远的文森特

*** 圆括号内是图片所示信件页面的前文；方括号提示缺失的部分。**

《共和论坛》报上关于凡·高割耳的新闻报道，1888 年 12 月 30 日

24me ANNÉE N° 53 CINQ CENTIMES LE NUMÉRO 30 DÉCEMBRE 1888

LE

FORUM RÉPUBLICAIN

JOURNAL DE L'ARRONDISSEMENT D'ARLES

Paraissant tous les Dimanches

Annonces: 15 c. la ligne
Réclames: 30 c. la ligne

PROPRIÉTAIRE-GÉRANT
C.-M. JOUVE

CHEMINS DE FER PARIS — LYON — MÉDITERRANÉE

BATEAUX et VOITURES PUBLIQUES

MONUMENTS ET ANTIQUITÉS

LE FORUM RÉPUBLICAIN

IMPRIMERIE DU FORUM RÉPUBLICAIN

CARTES DE VISITE sur beau carton Bristol

ARLES

1889

Nous voici arrivés à la fin de l'année 1888, année que nous ne regretterons pas, car, depuis que la République est établie en France, jamais elle n'a été plus en danger.

FEMME ou MAITRESSE

SCÈNES DE LA VIE ARLÉSIENNE

SECONDE PARTIE

MARGUERITE

XVI

(Suite)

LA DESHERITÉE

C'est d'Arles que je veux parler.

Arles a tout perdu, tout ce qui faisait jadis sa gloire et sa richesse. On ne lui a rien rendu.

上周六晚 11 点 30 分，一名为文森特·凡·高的男子，画家，原籍荷兰，来到宽容之家一号找一名名为瑞秋的人，他把自己割下的耳朵交给这个瑞秋并对她说“千万小心守护这个东西”，随后离开。警方接到有关消息后，于次日前往这名可怜的外国人（只能这样描述他）的住处，发现他躺在床上，没有生命迹象。

这名不幸男子即刻被送入医院。

C'est le Mardi 8 Janvier prochain que sera donnée sur notre scène la représentation du grand succès parisien.

Nous regrettons d'être forcé de renvoyer à dimanche pro hain un charmant article de notre collaborateur Adrien Frissant sur *le Jour de l'An.*

Chronique locale

— Dimanche dernier, à 11 heures 1/2 du soir, le nommé Vincent Vaugogh, peintre, originaire de Hollande, s'est présenté à la maison de tolérance n° 1, a demandé la nommée Rachel, et lui a remis… son oreille en lui disant : « Gardez cet objet précieusement. Puis il a disparu. Informée de ce fait qui ne pouvait être que celui d'un pauvre aliéné, la police s'est rendue le lendemain matin chez cet individu qu'elle a trouvé couché dans son lit, ne donnant presque plus signe de vie.

Ce malheureux a été admis d'urgence à l'hospice.

— Le 24, au matin, un vol de deux corbeilles de poissons a été commis à l'octroi de Trinquetaille, au préjudice de M. Pioch, propriétaire aux Saintes-Maries, au moment où Bi Pioch attendait que les employés d'octroi eussent vérifié sa charrette.

— Le 27, la nommée Marie B…, demeurant rue des Remparts, a déposé au bureau de police un porte monnaie contenant 1 f. 50 et un chapelet, trouvés sur la voie publique.

— Le nommé C… Jean, cultivateur, âgé de 64 ans, demeurant au quartier de Sonnailler, près de Trinquetaille, s'est suicidé, le 27 courant, à 11 heures du matin, en se tirant un coup de fusil à la tête. On attribue cet acte de désespoir à la maladie de langueur dont ce malheureux était atteint.

— Le cirque Pinder a donné le 27, 2 représentations à la Croisière, la 1re de 3 à 5 heures et la 2me de 8 à 11 heures 1/2. On …

对页图和右图：阿尔勒当地报纸《共和论坛》的“本地专栏”报道了凡·高 1888 年 12 月那次割耳事件。

疗养院的花园

1889年5月8日，凡·高抵达圣雷米。住在这儿的一年间，他的精神病不时发作，短则几天，长则数周，经常打乱正常的工作生活。时间一天天过去，病情却无起色，凡·高越发灰心丧气。但只要状况好，他便能带着清醒的头脑发奋创作，不断琢磨推敲绘画理念，开拓新的艺术主题和意义。考虑到这期间凡·高能真正投入艺术创作的时间有限，他产出的质与量着实惊人。

疗养院里有个围绕着围墙、杂草丛生的大花园，凡·高的种种灵感就来源于此。花园里花草繁茂，赏心悦目，也为病中的凡·高提供了一个安全的环境。早前在阿尔勒，凡·高的许多作品就聚焦于大自然的细节。在疗养院的花园，凡·高发现这里的植物如此丰饶，于是他的创作顺势回归，再度以自然为焦点，画了许多鸢尾、丁香和常春藤的习作，十分精彩。这些作品也使人联想到凡·高的日本趣味。凡·高推崇日本艺术的风格与主题，尤其欣赏"一花一世界，一叶一菩提"的禅意——观一叶而知整个自然。

那个初夏，凡·高以疗养院花园的各个角落为主题创作了好多油画和素描。他写信给提奥："等我把手头在画的四幅花园作品寄过来，你看了就知道，我的日子也不是那么糟糕，因为大多数

疗养院

圣保罗精神病疗养院坐落在普罗旺斯的圣雷米小镇外。疗养院由天主教修女管理，这里原本是座中世纪修道院。凡·高在疗养院有间睡觉的屋子，还得到另一块地方用作画室。他在信中说，最开始与其他病人的相处减轻了自己对精神病的恐惧，可后来发现当自己神志清醒的时候也不得不被这群病人包围，又觉得是种折磨。虽然凡·高画了许多与疗养院有关的作品，但没怎么画过院里的其他病人，也很少画疗养院的室内环境。

对页图：疗养院的花园植物蔓生，茂盛的植被为凡·高的油画和素描创作提供了多样的素材。

左图：画中被雷劈断的树干使凡·高联想到"一个骄傲的人被击溃了"，画的色彩着意于表现痛苦。

埃米尔·左拉
EMILE ZOLA
（1840—1902）

凡·高一生热爱阅读，读书如饥似渴。大名鼎鼎的埃米尔·左拉就是他最喜欢的法国作家之一。凡·高对左拉的自然主义小说怀有浓厚的兴趣，左拉的小说在凡·高的不同创作阶段都产生过特殊影响。1885年凡·高就把左拉的小说《生的快乐》与父亲的圣经并置于《静物：打开的圣经》一画中。在尼厄嫩画农民头像时，凡·高也被左拉《萌芽》中对矿工的描写所启发。到了圣雷米，左拉以法国南部为背景的小说《莫雷教士的过失》再次与凡·高的油画发生关联。

顶图：这幅精美的素描画的是疗养院花园里的喷泉。

上图：抵达圣雷米后，凡·高发现疗养院花园里鸢尾花开得烂漫，于是花费许多精力创作了这一大幅油画。

时间我都在花园里度过。”他还把其中一幅画描绘的场景称作“爱巢”。爱侣徜徉的花园或公园是凡·高作品中反复出现的主题，反映出他对于浪漫爱情的想望。这里他把花园称为“爱巢”，灵感来自左拉的一部小说。小说里那个叫“天堂”的公园也打着围墙，杂草丛生，既是休憩之地也见证了一段爱情的萌生。

到了夏末，凡·高病情加重，只能待在疗养院内，活动范围完全受限。这时花园于他全然是另一番含义了。画家将自己的苦楚和绝望投射到花园，花园成了一片伤心地。秋天，凡·高画了花园一隅，画中有一株被雷电劈断的老树树干。他这样对埃米尔·伯纳德解说：“这棵深沉忧郁的巨树，犹如一个骄傲的人被击溃了。树前面那丛枯败的灌木上开着最后一朵玫瑰，玫瑰惨淡的笑容与残断的树干形成对照。”除了挑选与此前不同的花园景物作主题，凡·高也调整用色和笔触来表现苦痛：“赭红色、泛灰的绿色和一条条笔触的痕迹，这种‘黑红’组合产生一种痛苦的感觉。我几个不幸的同伴就经常感到痛苦。”在圣雷米，凡·高开发了作品的象征潜能，给自然景物注入象征意义。不仅色彩富有表现力，凡·高的笔触也越发个性化，进一步提升了作品的情感内涵。

圣保罗精神病疗养院的凡·高病历，1890 年 5 月 9 日

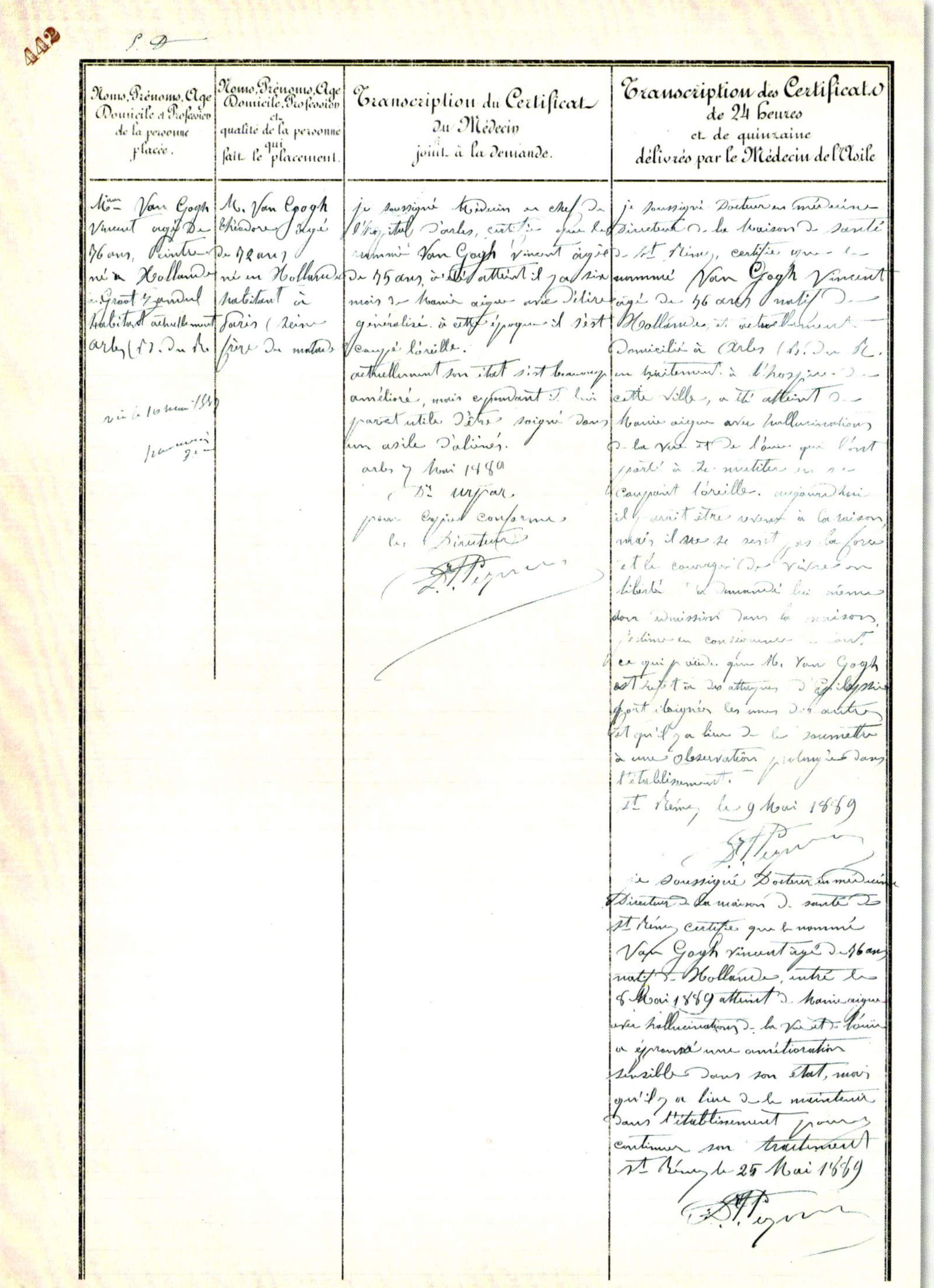

Noms, Prénoms, Age Domicile et Profession de la personne placée.	Noms, Prénoms, Age Domicile, Profession et qualité de la personne qui fait le placement.	Transcription du Certificat du Médecin joint à la demande.	Transcription des Certificats de 24 heures et de quinzaine délivrés par le Médecin de l'Asile
Mr Van Gogh Vincent agé de 36 ans, Peintre né en Hollande Groot Zundert habitant actuellement Arles	M. Van Gogh Théodore agé de 32 ans né en Hollande habitant à Paris (frère du malade)	je soussigné Médecin en chef de l'hôpital d'Arles, certifie que le nommé Van Gogh Vincent âgé de 35 ans, a été atteint il y a six mois de manie aigue avec délire généralisé. à cette époque il s'est coupé l'oreille. actuellement son état s'est beaucoup amélioré, mais cependant il lui paraît utile d'être soigné dans un asile d'aliénés. Arles 7 Mai 1889 Dr Urpar. pour copie conforme le Directeur	je soussigné Docteur en médecine Directeur de la Maison de santé de St Rémy, certifie que le nommé Van Gogh Vincent âgé de 36 ans natif de Hollande, et actuellement domicilié à Arles ... en traitement à l'hospice de cette ville, a été atteint de manie aigue avec hallucinations de la vue et de l'ouïe qui l'ont porté à se mutiler en se coupant l'oreille. aujourd'hui il paraît être revenu à la raison, mais il ne se sent pas la force et le courage de vivre en liberté et a demandé lui-même son admission dans la maison. ... ce qui précède que M. Van Gogh est sujet à des attaques d'épilepsie ... et qu'il y a lieu de le soumettre à une observation prolongée dans l'établissement. St Rémy, le 9 Mai 1889
			je soussigné Docteur en médecine Directeur de la maison de santé de St Rémy certifie que le nommé Van Gogh Vincent agé de 36 ans natif de Hollande, entré le 8 Mai 1889 atteint de manie aigue avec hallucinations de la vue et de l'ouïe a éprouvé une amélioration sensible dans son état, mais qu'il y a lieu de le maintenir dans l'établissement pour continuer son traitement St Rémy le 25 Mai 1889

本人，医学博士，圣雷米精神病疗养院院长，兹证明荷兰人文森特·凡·高，36岁，现居于阿尔勒（某某大道），正在本镇的疗养院接受治疗。该病人罹患急性狂躁症，伴有幻听幻视症状，致使自残割耳。今日病人的理智趋于正常，但自觉仍缺乏自主生活的力量或勇气，请求留院治疗。

本人据前述情况判断，凡·高先生的癫痫会不定期发作，发作间隔较长，因此有必要留在本院进行长期观察。

左图：凡·高在圣雷米镇圣保罗精神病疗养院的登记住院档案摘录，附有病情分析。

新风景

当凡·高小心翼翼迈出疗养院花园，他发现圣雷米的乡野与阿尔勒的很不同：地貌崎岖不平，背景耸立着引人瞩目的阿尔皮耶山脉（The Alpilles）。凡·高常常描绘这幅景象，在画里把那些饱经风霜、嶙峋的山石加以夸张并赋予其风格。他也喜爱当地的橄榄园和丝柏树，它们为景致平添了一层韵律感。作为典型的南方元素，橄榄树和丝柏树构成凡·高作品中别有特色的一部分，凡·高再次借助特色主题和特殊风格彰显自己在现代艺术领域的开拓与贡献。丝柏细长的树形和深沉的颜色映衬着蓝天黄土，这是凡·高多幅重要作品的灵感源头："丝柏总在脑中挥之不去，我该像画向日葵那样画一画丝柏，谁也没画出过我设想的效果，这实在让我惊讶……晴朗风景中的一抹黑色，这又是一种最有趣的黑，也最难达到我想象中的那种效果。但你一定要衬着蓝色去看，或者说就在蓝色中去观看这种黑色。"

对页图：峡谷这幅画的第一个版本是凡·高在实地完成的，此处则是在画室完成的第二个版本，凡·高认为第二个版本才更出色。

上图：丝柏树是凡·高用来代表南方的重要意象之一，他希望丝柏树系列作品能像在阿尔勒画的向日葵一样成功。

窗栏

凡·高卧室的那扇窗户上钉着窗栏，所以他要透过窗栏的阻隔才能观察窗外的那片田地和远山。但除了一小幅素描以外，凡·高在表现这方景致的许多作品中完全把这道障碍略去不表。他从这个角度画过一张阳光明媚的秋收风景画，画中有一名收割者，这是一幅重要作品。完成后他曾这样说："我觉得这很怪异，就像是透过监狱里的铁窗栏看到这幅景象似的。"

凡·高开始前所未有地关注笔触的表现力。在阿尔勒时他注重色彩的效果，现在在色彩之上，又开始摸索该如何运用笔触形成特定的风格。例如《峡谷中的小径》（*A Path through the Ravine*）一画，表现山树崖石表面和纹理的笔触呈现高度一致，几乎像一种自动生成的模式。这幅画的第一个版本是实地完成的，透视感强，色彩写实。而第二个版本（见第 126 页）中，彩色的线条韵律十足，更为抽象，突出山路之狭小艰险，画家本人认为这个版本才是上乘之作。这幅画的主题据凡·高说是忧郁的，他的评价也反映出他自身的处境。

凡·高还通过相同主题的系列作品进一步探索了多种表现形式。从他卧室窗口望去，是一片打着围墙的田地，背景是阿尔皮耶山。丰收季节晨昏日暮，凡·高总在窗前注目。虽然他每次都站在同一位置观察，作画时却择取不同角度表现这块围地和后面的座座山坡。过去，凡·高曾数次描画过播种者，播种者象征着希望与生命。现在凡·高的目光转向了田里秋收的那位收割者，并且由着自己的心境在画布上诠释这个收割者形象。"这个收割者——在热浪中魔鬼般拼命劳作的模糊身影，我在他身上看到了死亡的意象，他收割的仿佛不是小麦而是人类。"

圣雷米的素描

和在阿尔勒时一样，来到圣雷米的凡·高仍然孜孜不倦地探索素描创作，并创作了不少素描佳作。他特别爱用芦苇笔，因为芦苇笔能形成一种特殊风格，而这种风格正是彼时的凡·高所看重的。凡·高往往先用粉笔构图，再用芦苇笔完稿。据推测，这幅素描是用有色墨水创作的，但现在已全部褪成了棕色。

对页图：此画是凡·高在圣雷米期间创作的最为重要的作品之一，橄榄园背倚阿尔皮耶山脉，天空飘着风格化的云朵。

下图：疗养院后这片打着围墙的田地凡·高画过很多次，每次都运用不同的笔触和色彩。

橄榄园

圣雷米周边的橄榄园也和丝柏树一样俘获了凡·高的想象力：“橄榄树很有特色，我正在努力抓住它们的特征。在黄色、粉色、浅紫、暗赭的土地上，橄榄树像件老银器，有时偏蓝，有时泛绿，有时呈青铜色泽或是褪色发白。很难，真的很难。但这适合我，引诱我尝试用全部的金色调或银色调来画。也许哪天，我也全凭印象来画一画这些橄榄树，像画向日葵一样，深浅不一的黄色。”

凡·高创作了多幅橄榄树油画，这些作品反映了一种近乎印象主义式的观察，是在一天中的不同时刻以及不同的天气状况下观察自然所得。而他对于目之所见的率真的记录又经过颜色和笔触的调和，多样的颜色组合与强劲的笔触增强了表现力。凡·高称这批作品为“夸张了的素描”，这个说法解释了他高度风格化的独特笔触。

下图：为了回应高更和伯纳德宗教风格的画作，凡·高绘制了一幅橄榄园场景的画，在这幅画里他描绘了妇女采橄榄的场景。

上图：这幅橄榄园，凡·高用了柔和的红绿对比色，富有韵律感的笔触使人想起新印象主义。

左图：高更给凡·高去信，随信附上作品《橄榄园中的基督》（*Christ in the Garden of Olives*）的草图，这引发凡·高创作了一系列橄榄园油画。

法国南部的橄榄园

与阿尔勒不同，圣雷米的乡野布满了一座座橄榄园。橄榄和橄榄油是当地重要的收入来源。凡·高不仅仅为橄榄树的形貌和象征意义吸引，也很爱吃橄榄。据他的弟妹乔安娜·凡·高回忆，回到巴黎的凡·高还保持着这个地中海习惯，亲自上街买来橄榄还坚持让大家都吃一些。

在凡·高与高更、伯纳德持续的艺术探讨中，橄榄园得到了特别关注，1889 年秋天相关讨论达到了高潮。高更和伯纳德创作了基督教主题的油画，两人都画了“客西马尼园的基督”并各自把这幅作品的草图和相片寄给了凡·高。凡·高回之以尖刻的批评，他认为二人的画作都失败了，因为对于这么重要的主题他们事先没有进行严肃的研究。在给伯纳德的一封信中，凡·高的反应尤为强烈。他说伯纳德的作品是“噩梦”，很“可怕”，无论内容还是构图都极其牵强，他甚至叫伯纳德“重新找回自己”。

凡·高如此尖刻的批评是由他自己的创作困境触发的，也与一种微妙的竞争心理有关。宗教题材是凡·高的软肋，自从他在博里纳日的传教事业失败，以及后来与父亲不和，凡·高开始对教会抱持一种批判态度。他犹疑着不愿描绘与《圣经》相关的意象，尽管富有基督教象征意味的符号，如播种者和收获者频频成为他作品的主题。另一个问题是，凡·高已经意识到自己若要刻画一个对象就必须先在实际环境中研究它。虽然阻碍重重，凡·高还是尝试着画过两次基督，但两次的作品都因为他自己不满意而销毁了。而现在两位同行竟把他做不到的付诸画中！

凡·高最终在橄榄园里找到了答案，他自己的《橄榄园》。因为对刻画基督形象感到无能为力，凡·高便选择了描绘基督受难之地。橄榄园是典型的地中海风物，所以虽然基督无处可

觅，橄榄园却是凡·高触手可及的。他写信给提奥：“其实我这一个月都在橄榄园，因为他们画橄榄园里的基督，没有认真观察实物，实在让我别扭……我游走在各个园子里，结果是……至少也是种解决方式。”凡·高的方案是亲身体察园里的风景，然后运用他的艺术手法——富于表现力的色彩和风格化的笔触，来表现橄榄园中基督的苦难。

对页图：凡·高画过不同时段和不同天气状况下的橄榄园。

上图：对凡·高而言，橄榄园这个意象能唤起一种苦难感，与基督在客西马尼园的体验相似。客西马尼园也是一个橄榄园。

凡·高与宗教

凡·高对宗教的态度十分复杂。童年和青年时期，受任归正会牧师父亲的影响，凡·高立志追随父亲脚步。后来因为宗教事业失败，又萌发了艺术家的志趣，与家人渐行渐远。凡·高开始对父亲不满，并质疑教会的权威。他认定，由教会代表的宗教是虚伪的，罔顾个人的情感与需求。自此，凡·高便竭力在作品中回避明显的宗教主题。

星夜

凡·高第一次画星夜是在阿尔勒，画了星空下的罗讷河。这幅画是他借着煤气灯的光线，在河边的夜色里完成的。凡·高特别满意画里丰富的色调："钴蓝色的夜空中闪烁着粉与绿，而镇上的灯光……是赤金和铜绿。"他称之为"诗意风景画"，并且画了一对恋人以增添浪漫氛围。凡·高认为这幅作品确属佳构，有意送去参展。1889年夏天，他又画了另一幅星夜。第一幅星夜在阿尔勒的夜晚实地完成，而在圣雷米创作的第二幅凡·高则用了完全不同的手法，他"创造"了风景。凡·高透过卧室的窗户也观察过圣雷米的夜空，但创作时是从现成的画作中提取了各类元素，组合起来构成新作。这是对高更意见的回应，因为两人之前探讨过凭借想象作画。凡·高想到的方法是把平时自己在自然中钻研过的对象组合起来，再运用旋转的笔触以产生强烈的抽象感。

这幅画现已是凡·高的名作之一，但画家本人并没有将其列为得意之作，很可能是因为他觉得没能达到自己期许的效果。在圣雷米最后的时光，凡·高又试了一次，画了《星空下有丝柏的道路》。这幅画还是和前一幅星空一样，由多种元素混合而成，但这次凡·高终于肯定了自己的创作。他去信高更详细地介绍了一番："我画了丝柏树和一颗星——在夜空下。"接着细致地说明各部分的用色。信的结尾他写道："非

对页图：1888 年，凡·高在阿尔勒第一次画星夜，取景于“黄房子”不远处的罗讷河畔。

上图：凡·高在圣雷米画的另一幅星夜。这次他从自己几幅现成的作品中提取元素，“创造”出了一幅新作。星空呈现高度风格化，凡·高的目的是创作一幅真正意义上的现代油画。

特别的生日礼

1890 年 1 月底，上一年成婚的提奥写信向哥哥报告自己儿子出世的消息，并且告知哥哥他和妻子决定为儿子起名“文森特·威廉”，就是用凡·高的名字。提奥希望儿子能“像你一样坚韧勇敢”。大喜过望的画家立即动手作画，打算送给孩子作卧室的装饰，“大枝的白杏花映衬着一片蓝天”。这幅佳品不仅刻画了在法国南部初放的妍丽的杏花，而且使人想起凡·高奉为圭臬的日本艺术。绽放的花树正是日本艺术的重要主题。

“二十人社”LES XX

“二十人社”是布鲁塞尔的一个先锋艺术家团体，由 20 名创始成员发起。他们设立了年度作品展，每年挑选一批国内外艺术家并发出邀请。该团体与巴黎艺术界的潮流步调一致，总在他们广受关注的年展上展出最新的艺术作品。“二十人社”的展览是当时新兴艺术家的重要阵地。参加“二十人社”1890 年那场展览的还有凡·高的朋友亨利·德·图卢兹–劳特累克、保罗·西涅克和吕西安·毕沙罗（Lucien Pissarro）。

常浪漫，可以说，但也很普罗旺斯。”个性主题与独特的艺术手法在这幅作品中完美结合。

1890 年前几个月，凡·高急于离开圣雷米，无奈病情反复而不得启程。他一心盼着回到北方去，因此常常思念起家人和故土。凡·高用星夜系列的创作方法画了一些油画和素描，将荷兰故土的景物与普罗旺斯的意象并置在作品里。他把这批作品称作“北方的回忆”。

凡·高的作品在先锋艺术圈里越来越有名。他连续几年参加“独立艺术家沙龙”年展，得到了不少评论与关注。更为重要的是，凡·高还受邀参加布鲁塞尔先锋艺术团体“二十人社”的年度展出，这个艺术社团与巴黎联系紧密。

先锋艺术评论家阿尔贝·奥里埃（Albert Aurier）撰长文评论凡·高，这是他论当代艺术家系列文章的第一篇。奥里埃在文中激赏凡·高的天才，高度评价凡·高超卓的用色技巧。凡·高写了长信致谢奥里埃，并在信中表明自己的作品得益于许多画家，其中有伦勃朗、德拉克洛瓦和蒙蒂塞利。他还提到自己将送一幅丝柏树画作给奥里埃：“如此典型的普罗旺斯风景……疾风阵阵的广阔蓝天下一种难以名状的黑色调。”再一次，凡·高强调了自己在法国南部开发的独特主题。

左上图：凡·高送给阿尔贝·奥里埃的《丝柏树下的两个女人》（*Cypresses with Two Female Figures*）。奥里埃的文章是首篇对凡·高的艺术的重要评论。

左图：在圣雷米时，凡·高时常回想起布拉班特那片故土，画过几张如图这样的小幅的“北方记忆。”

上图：凡·高“创造”的又一幅丝柏树和月亮风景画，创作意图是唤起南方之精华。这是他离开圣雷米前画的。

奥克塔夫·莫斯代表“二十人社”致凡·高的邀请信，1889年11月15日

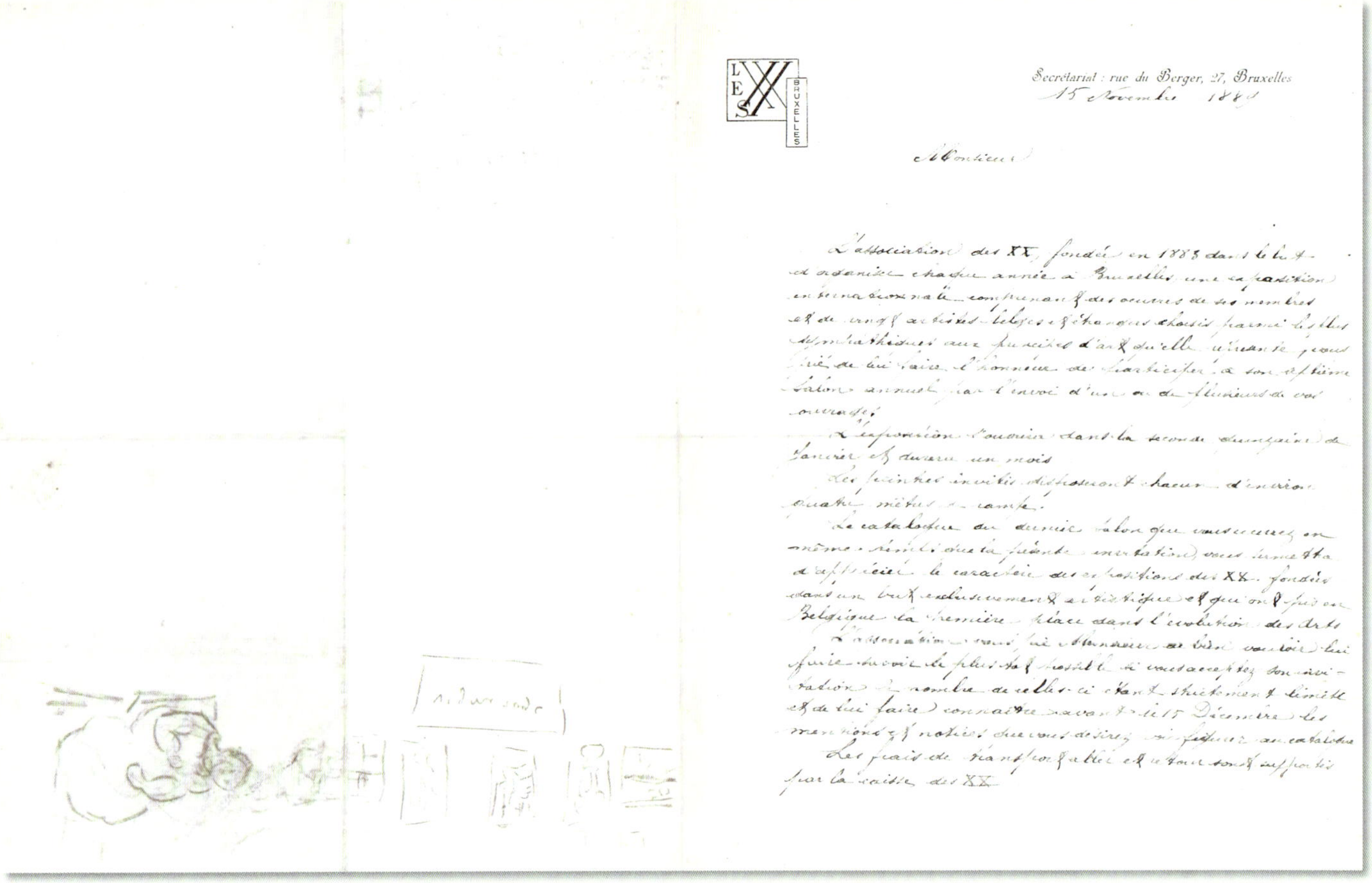

LES XX BRUXELLES

Secrétariat : rue du Berger, 27, Bruxelles

15 Novembre 1889

Monsieur

L'Association des XX, fondée en 1883 dans le but d'organiser chaque année à Bruxelles une exposition internationale comprenant des œuvres de ses membres et de vingt artistes belges et étrangers choisis parmi les plus sympathiques aux principes d'art qu'elle défend, vous prie de lui faire l'honneur de participer à son septième Salon annuel par l'envoi d'une ou de plusieurs de vos ouvrages.

L'exposition s'ouvrira dans la seconde quinzaine de janvier et durera un mois.

Les peintres invités disposeront chacun d'environ quatre mètres de cimaise.

Le catalogue du dernier Salon que vous recevrez en même temps que la présente invitation vous permettra d'apprécier le caractère des expositions des XX, fondées dans un but exclusivement artistique et qui ont pris en Belgique la première place dans l'évolution des Arts.

L'Association vous prie, Monsieur, de bien vouloir lui faire savoir le plus tôt possible si vous acceptez son invitation, le nombre de celles-ci étant strictement limité, et de lui faire connaître avant le 15 Décembre les mentions et notices que vous désirez voir figurer au catalogue.

Les frais de transport aller et retour sont supportés par la caisse des XX.

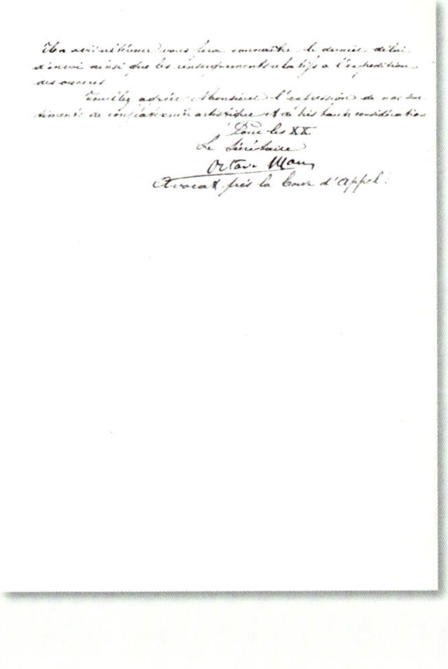

Un avis ultérieur vous fera connaître le dernier délai d'envoi ainsi que les renseignements relatifs à l'expédition des œuvres.

Veuillez agréer, Monsieur, l'expression de nos sentiments de confraternité artistique et de notre haute considération.

Pour les XX

Le Secrétaire

Octave Maus

Avocat près la Cour d'Appel.

先生

“二十人社”成立于1883年，旨在每年于布鲁塞尔举办一次国际展览，展出本社成员及20位其他国内外艺术家的作品。我们挑选并邀请与本社所代表的艺术原则最相契合的艺术家参展。“二十人社”特此邀请您选送一幅或多幅作品参加第七届年度沙龙。本次展览将于1月末开幕，展期1个月。获邀艺术家每人有4米左右的挂画轨道。上届沙龙展品目录附于邀请信后，请您一览“二十人社”展览的风格。基于唯一艺术目标成立的“二十人社”现已成为比利时艺术发展的首要阵地。先生，“二十人社”发出的展览邀请信数量上有严格限制，恳请您于12月15日前回复是否参展，并告知您想在展览目录上列明何等内容。

回程运费将由“二十人社”出资承担。参展作品应于何日前寄送及其他相关信息将另行通知。

请您接受“二十人社”最真挚的情感和最崇高的敬意。

秘书长奥克塔夫·莫斯代表“二十人社”敬上

上图：这封信里，著名的布鲁塞尔先锋艺术团体“二十人社”的秘书长奥克塔夫·莫斯邀请凡·高参加1890年的年度展。

凡·高致高更的一封未写完的信，1890 年 6 月 17 日

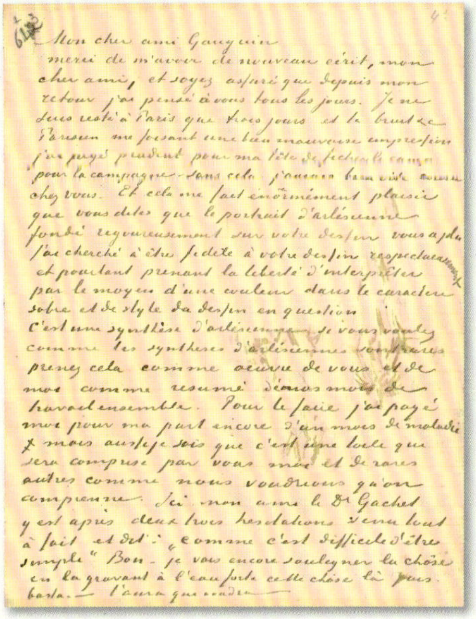

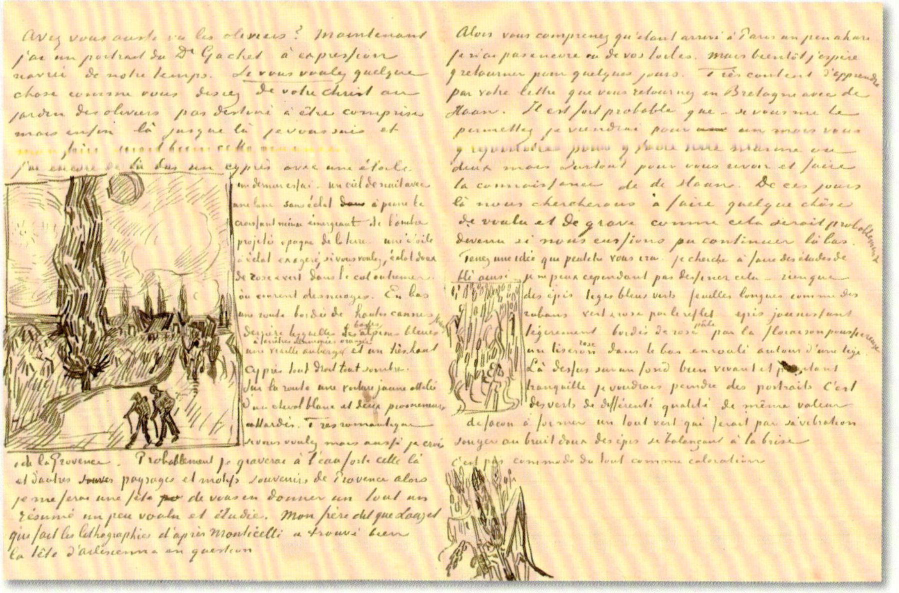

我亲爱的朋友高更：

感谢你再次来信，我亲爱的朋友，当然，自从回来后我每天都想到你。我在巴黎只待了三天，嘈杂的噪音等都对我的状况不利。谨慎起见，看在我这颗脑袋的分上，还是逃到了乡下，要不然我早来拜访你了。你说喜欢那幅以你的素描为基础创作的阿尔勒女人肖像，这太让我高兴了。创作的时候我试着尽可能忠实于你的素描，但自由地运用色彩来表现这个沉静的人物，赋予其风格。可以说，这是阿尔勒女性的综合，就把它当作你我同居共事几个月的总结之作吧。我带着病画了一个月才把它完成，可我知道你会懂这幅画，也会有其他少数人懂，因为我们总是盼着别人懂。我的朋友加歇医生在犹豫两三次后完全喜欢上了这幅画，他说：“做到简单是多么难啊。”说得很好。我想再做一个蚀刻画版本，然后就不管了。这样喜欢的人手边都能有一幅。

橄榄树你也看到了吧？现在我有一幅加歇医生的肖像，脸上带着我们这个时代的心碎表情。可以说，这有点像你说你那幅《橄榄园中的基督》注定不会有人懂，但我理解你。我弟弟完全抓住了那个细微的差别。

[《星空下有丝柏的道路》草图] 在南方时还画了丝柏树和一颗星，最后一次尝试——悬着一轮暗月的夜空，纤瘦的新月勉强从大地的幽暗里探出来——一颗星，夸张了亮度，在群青色的天空中闪着粉和绿的星芒，几片云急急穿星而去。地上有一条路，沿路一片黄色的茎秆，后面是蓝色的阿尔卑斯山，窗户透出橙色灯光来的老旅馆，一棵高耸的丝柏树，树身笔直，阴沉肃穆。路上，一匹白马拉着一辆黄色小车，还有两个夜行人。非常浪漫，可以说，但我觉得也非常普罗旺斯。可能我也应该把这幅做成蚀刻版画，还有一些其他的风景和主题，作为普罗旺斯的纪念物，然后该送给你一整套相当精致、认真的习作。我弟弟说那个把蒙蒂塞利作品制成版画的洛泽很喜欢阿尔勒女人的头像。我还没有看你的作品，不过我想你会理解的，因为回到巴黎后我有些无所适从。但我希望可以尽快再回巴黎住上几天。

很高兴看到你在信里说要和德哈恩一起再去布列塔尼。很有可能——如果你允许的话——我也过去一个月，和你们一起，画一两幅海景，但主要还是为了再见到你，以及和德哈恩认识。我们可以尝试一些严肃的、带有既定目的的创作，如果当时我们在南方继续下去的话也许现在就已经有了这样的作品。

这个想法也许适合你，我自己试着画这样的习作，但画不好素描。其他什么也没有，就只有青蓝色麦秆上的麦穗，长长的叶子有如透着粉色的绿绸带，麦穗才刚开始转黄，边缘淡淡泛一点浅粉色——这是粉色旋花的颜色映在上面，旋花的底部缠在麦秆上。[麦穗草图] 画完这个我想画一些肖像，肖像的背景是非常生动但又平静的景象。品调不同但深浅相同的各种绿色，构成整体的绿色调，颜色在视觉上的颤动会让你想到麦穗在微风中轻柔地沙沙作响，这可完全不像配色那么简单。

上图：这封给高更的信的草稿写于 1890 年 6 月中旬，凡·高详述了好几幅在圣雷米和奥维尔完成的作品。

创意临摹

凡·高的一生中，有不少名画印刷品陪伴在他左右。那些挂在房间墙上的名画，既是他钟爱、仰慕的对象，也为他提供了源源不断的灵感。在圣雷米时，因为一幅德拉克洛瓦《圣母怜子》（*Pietà*）的石版画损坏了，凡·高便亲自用油彩临摹了这幅作品，他发现自己很享受这个临摹过程。1889 年 9 月到 1890 年 5 月期间，凡·高创作了一大系列临摹之作。这些临摹件全部基于名作的黑白印刷画，但凡·高用自己的风格对它们重新诠释。凡·高临摹得最多的就是德拉克洛瓦、米勒和伦勃朗三位大师的作品，并且特别偏爱那些包含多个人物的画作，因为现实中他找不到足够的模特进行这类创作。尽管凡·高也偶尔担心临摹被人贬作一种老套过时的练习，但大体上他坚信自己的临摹具有原创性质，并且将之比作演奏家对于乐曲的演绎。凡·高认为作品的主题内容是创作的出发点，但使其成为艺术的更在于色彩和笔触："我让德拉克洛瓦或米勒的黑白印刷品，或其他复制件，做我的模特。然后即兴上色，当然你知道，色彩不全是我独创。我也在记忆中搜寻原作的颜色——可记忆啊，只能模模糊糊记得那和谐的色彩，但至少感觉是对的，这就是我对它的诠释。"大师的作品推动了凡·高的进步，但凡·高自己的创作手法也为临摹作品注入了独一无二的个性，特别是奔放的色彩和强劲的笔触。

凡·高一贯推崇德拉克洛瓦作品的情感表达，这必然影响了他对德拉克洛瓦《圣母怜子》所作的诠释。这幅作品表现的苦难与凡·高自己久病不愈的痛苦颇相契合。凡·高也临摹了大量米

临摹

19 世纪下半叶，人们通常认为临摹是机械老套的训练手段，会妨害年轻艺术家的新意。与此同时，多数富有创新精神的画家却都通过临摹锤炼技艺，模仿自己崇拜的大师。到了 19 世纪末，艺术家的独创性不仅表现在作品主题的择选上，也在于绘画手法和理念，这时人们的观念才发生转变，开始认可带有诠释意味的临摹作品。许多与凡·高同时代的艺术家都曾模仿过大师的杰作，也并没有被看成抄袭者。

上图：米勒《田间务农》系列（*Labours of the Fields*）十幅小版画之一。

对页图：凡·高仿米勒《捆麦子的人》而作，色彩选用了他最喜欢的蓝黄组合。

上图：凡·高把这幅欧仁·德拉克洛瓦《圣母怜子》的石版画挂在墙上。后来意外损坏后，他便决定自己临摹一幅。

对页图：凡·高十分满意自己这幅《圣母怜子》的油画仿作，自此开始用个性化的手法阐释名作，临摹了大量作品。

勒作品，米勒是引领凡·高表现农民生活的导师。艺术生涯早期，凡·高就模仿过许多米勒的作品作为练习，而现在这个阶段的临摹作品却不同往日，俨然已呈现出现代艺术的面貌。临摹米勒《田间务农》系列（Labours of the Fields）只是热身练习。凡·高选用小张画布和他最爱的黄蓝对比色描绘从事各式农活的人物，比如《捆麦子的人》（*The Sheaf Binder*）；而对于更大尺寸的作品，凡·高则根据想要达到的效果来变换技法。以他临摹的米勒《一日四时》（*The Four Hours of Day*）系列为例，描绘人们躺在大麦垛投下的阴影里小憩的《午睡》（*Noon*），凡·高用明亮的蓝黄二色凸显夏日炎炎，投射出他在普罗旺斯的经历；而《夜晚》（*Night*）一画描绘家人舒适地围坐炉边，凡·高因此用了暗色的红和绿，比较柔和。这副图景颂扬了凡·高素来求而不得的家庭生活，对于那时孤身羁留圣雷米的他来说意味良多。

1890年5月，凡·高模仿了伦勃朗名作《拉撒路的复活》（*The Raising of Lazarus*），这件仿作十分出彩。凡·高删减了原画中的许多人物，包括使奇迹降临的基督和其他几个旁观者，只聚焦于从墓中复活的拉撒路和他两个满面敬畏的姐妹。画家按自己的面部特征描绘拉撒路，给他画上了微红的胡须，并且说明画中拉撒路的两个姐妹是以阿尔勒的鲁兰夫人和吉努夫人为原型。原作的宗教性消解了，完全变成了个人化的表达。凡·高没有描绘基督令死去的拉撒路从坟墓中起身，他表现的是自身力量的觉醒，自己已准备好大步向前。那时的凡·高即将离开圣雷米回到北方，他满怀憧憬，希望自己把病魔抛诸身后，重新开始。照料他的两位女性朋友象征着理解他、支持他的人。

德拉克洛瓦仿伦勃朗名作《拉撒路的复活》

凡·高之所以如此大刀阔斧地简化伦勃朗《拉撒路的复活》一画，也是因为受到德拉克洛瓦的影响。德拉克洛瓦模仿伦勃朗作品时，也删减了原画的某些构图元素，并因此得到高度评价。凡·高知道德拉克洛瓦的这幅仿作，也读到许多溢美之词特别强调德拉克洛瓦摹仿中的别出心裁。这激励了凡·高寻求更多改变与阐释，他的创变影响深远。

上图及其后三图：此处四幅作品中三幅是凡·高仿米勒的画而成，分别是《第一步》以及《一日四时》系列中的《夜晚》和《午睡》；第四幅仿伦勃朗的《拉撒路的复活》，削减原画中的人物，只剩下拉撒路和他的两个姐妹。

瓦兹河畔的奥维尔

从1889年秋天起，凡·高便在一些信中多次暗示自己想要离开圣雷米的疗养院，可启程的时间却一再延后。好几次是因为旧病复发，也有几次是因为刚开始新系列的创作，醉心其中而耽搁了行程。但到了1890年初，凡·高两兄弟真的开始物色下一个去处。画家想搬去北方，住到人身不受限制、可以自由创作的地方，但遇到紧急情况附近最好能有人帮忙。卡米耶·毕沙罗提议去瓦兹河畔的奥维尔，一个离巴黎不远的村庄，毕沙罗还认识那里的医生保罗·加歇。加歇医生热爱艺术，也是一位艺术品收藏家，他答应帮忙照看凡·高。

1890年5月16日，凡·高坐火车前往巴黎。他到提奥家中小住了几日，第一次见到了提奥的妻子乔安娜和他们的孩子。回到巴黎的凡·高回顾了自己近年来的作品，拜访了几位朋友，20日就匆匆赶赴奥维尔。巴黎去奥维尔只需坐一小段火车，凡·高一来就喜欢上了这儿，陶醉在奥维尔的风景里，觉得处处都能入画。他特别享受奥维尔凉爽的气候，也把这表现在了作品里。新作品以蓝绿色调为主，与法国南部系列里灼热的金黄形成鲜明对照。凡·高画小屋、花园，以及各种素朴而怡人的乡村景致。可即便最平常的景色，一旦经了他的笔触与色彩，也会变得张扬奔放。《奥维尔的街道和阶梯》表现的是连接着低处和高处两条道路的一架阶梯。凡·高用起伏不定的线条描绘灌木和屋墙，营造了一种夸张的流动感，介入画面深处。而描绘村里中世纪教堂的那幅画，凡·高则将鲜亮的色彩精心编织："教堂好像呈紫色调，背景是天空，简单的深蓝色和纯净的钴蓝色；彩玻璃窗像是一个个海蓝色的斑块，屋顶

上图：奥维尔风景如画，凡·高画过多处村里的风景。

上图：凡·高的素描作品中也用了冷色调表现北方凉爽的气候。

奥维尔

沿瓦兹河分布的村庄奥维尔，离巴黎不远，两地间交通便利。这个繁荣的村镇保留了美丽的乡村特色，在19世纪下半叶时是旅游的胜地。尤其到了夏天，游泳和泛舟于瓦兹河上最是惬意，所以游人更多。到了70年代，奥维尔成了艺术家聚居地，好几位画家如夏尔–弗朗索瓦·多比尼（Charles-François Daubigny）和保罗·塞尚在那儿常住，更有不少人应季而来。凡·高在奥维尔逗留期间就提到过当时住在村里的艺术家，其中也有来自荷兰、西班牙、英国和美国的画家。

上图：《奥维尔的瓦兹河岸》（*Bank of the Oise at Auvers*），画中是瓦兹河一处可以坐船出游的地方。凡·高用了大胆的色彩和富有表现力的笔触。

是紫的，带些橘色。前景是一些开着花的绿色植物，以及因阳光照射而闪着粉色的沙地。”这是座北方的教堂，不禁使凡·高回想起他曾多次描绘过的那座尼厄嫩老教堂的塔楼，但现在他用的颜色“更有表现力，更加绮丽”。

另一幅瓦兹河上游船的作品令人想起凡·高早前在巴黎时也画过相似的主题。那时在巴黎，他运用明亮的色彩和松散的笔致表现这一典型的印象派主题。现在，他那善于表达的有力笔触与几乎固体般的强烈色彩赋予作品一种伸手可触的质感，如此富于表现力，如此现代，是20世纪初下一代画家画作的先声。

对页图：奥维尔的中世纪教堂，凡·高为这幅作品精心安排了对比色。

上图：凡·高画奥维尔这段阶梯使用了多个方向的笔触，使得画面极富表现力。

作品回顾

在巴黎短暂停留的几天，凡·高花了大量时间回顾自己前几年的作品。因为大多数作品每每刚料一干就寄给了提奥，许多画凡·高自己反倒很久没看到过了。加上他以前在巴黎和荷兰创作的那些作品，总数十分可观。除去提奥挂在墙上的画作，公寓里堆满了卷起的画布，甚至把床下的空间也占满了。兄弟俩还去了唐吉老爹店里，他的阁楼上也藏着许多凡·高的油画。对于凡·高而言，一次性回顾自己的全部作品一定是非常特别的体验。

提奥写给加歇医生的信，1890 年 5 月 9 日

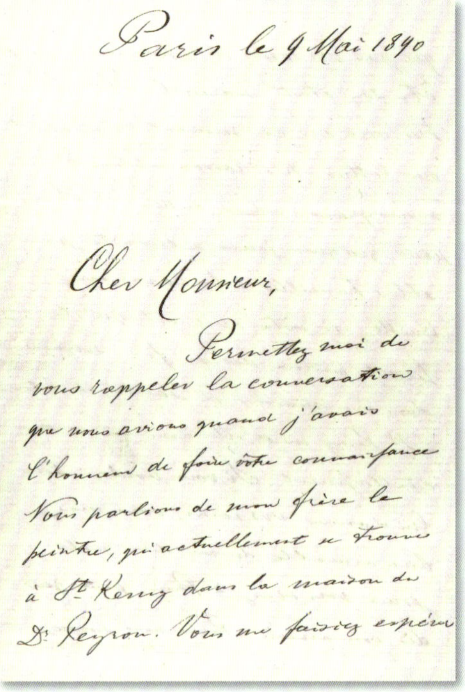

Paris le 9 Mai 1890

Cher Monsieur,

Permettez moi de
vous rappeler la conversation
que nous avions quand j'avais
l'honneur de faire votre connaissance
Nous parlions de mon frère le
peintre, qui actuellement se trouve
à St Remy dans la maison du
Dr Peyron. Vous me faisiez espérer

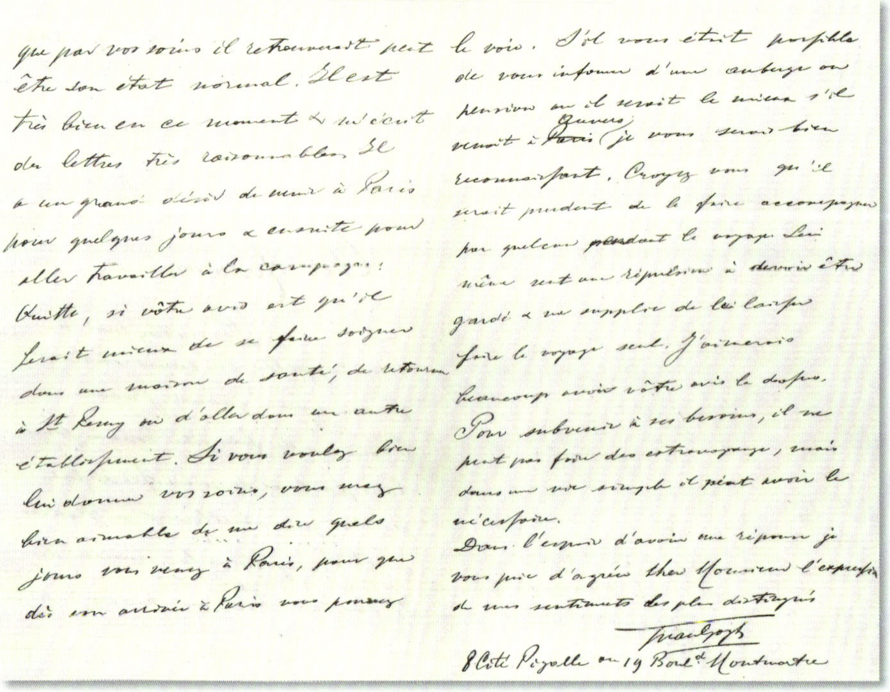

que par vos soins il retrouverait peut
être son état normal. Il est
très bien en ce moment & m'écrit
des lettres très raisonnables. Il
a un grand désir de venir à Paris
pour quelques jours & ensuite pour
aller travailler à la campagne.
Quitte, si votre avis est qu'il
ferait mieux de se faire soigner
dans une maison de santé, de retourner
à St Remy ou d'aller dans un autre
établissement. Si vous voulez bien
lui donner vos soins, vous seriez
bien aimable de me dire quels
jours vous venez à Paris, pour que
dès son arrivée à Paris vous puissiez
le voir. S'il vous était possible
de vous informer d'une auberge ou
pension où il serait le mieux s'il
venait à ~~Paris~~ Auvers je vous serais bien
reconnaissant. Croyez vous qu'il
serait prudent de le faire accompagner
par quelqu'un pendant le voyage. Lui
même sent une répulsion à devoir être
gardé & me supplie de le laisser
faire le voyage seul. J'aimerais
beaucoup avoir votre avis là dessus.
Pour subvenir à ses besoins, il ne
peut pas faire des extravagances, mais
dans une vie simple il peut avoir le
nécessaire.
Dans l'espoir d'avoir une réponse je
vous prie d'agréer cher Monsieur l'expression
de mes sentiments les plus distingués

Theo van Gogh

8 Cité Pigalle ou 19 Boulᵈ Montmartre

亲爱的先生：

请允许我提醒您，我有幸结识您时的那场谈话。当时我们谈到了我的画家哥哥，他现在其实正住在圣雷米的雷松医生家里。那时您给了我希望，在您的帮助下我哥哥有可能会恢复正常。目前他的情况很好，写给我的几封信也相当理智。我哥哥很想回巴黎待几天，然后去乡下创作。不知您能否给他一些建议。就算您的建议是住在疗养院里有人照料对他来说更好，他该回到圣雷米或者去另一处疗养院。也可否请您告诉我您什么时候来巴黎，他一到巴黎您就能见到他。如果我哥哥去奥维尔的话，还得请您帮忙找一家小旅馆，感激不尽。您是否认为旅途上该有人陪他，这样才比较谨慎？他自己很反感被人看护，恳求我让他独自上路。我非常想知道您对这些问题的看法。我哥哥生活并不奢靡，简单的生活就能满足他的一切需求。盼能收到您的回复，请求您接受我对您最真诚的情谊。

提奥 · 凡 · 高

上图：提奥写这封信给加歇医生，安排凡 · 高住到奥维尔。

凡·高写给妹妹威廉明娜的信，1890 年 6 月 12 日

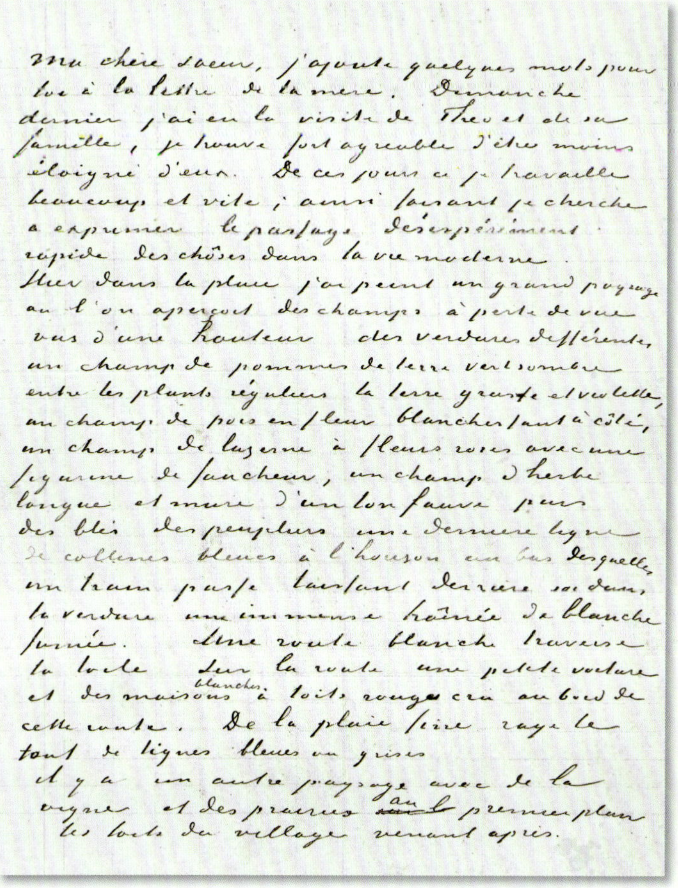
Ma chère soeur, j'ajoute quelques mots pour toi à la lettre de la mère. Dimanche dernier j'ai eu la visite de Theo et de sa famille, je trouve fort agréable d'être moins éloigné d'eux. De ces jours ci je travaille beaucoup et vite ; ainsi faisant je cherche à exprimer le passage désespérément rapide des chôses dans la vie moderne.
Hier dans la pluie j'ai peint un grand paysage où l'on aperçoit des champs à perte de vue vus d'une hauteur des verdures différentes, un champ de pommes de terre vert sombre entre les plants réguliers la terre grasse et violette, au champ de pois en fleur blanchissant à côté, un champ de luzerne à fleurs roses avec une figurine de faucheur, un champ d'herbe longue et mure d'un ton fauve puis des blés des peupliers une dernière ligne de collines bleues à l'horizon au bas desquelles un train passe laissant derrière soi dans la verdure une immense traînée de blanche fumée. Une route blanche traverse la toile. Sur la route une petite voiture et des maisons blanches à toits rouge cru au bord de cette route. De la pluie fine raye le tout de lignes bleues ou grises.
Il y a un autre paysage avec de la vigne et des prairies ~~sur le~~ au premier plan les toits du village venant après.

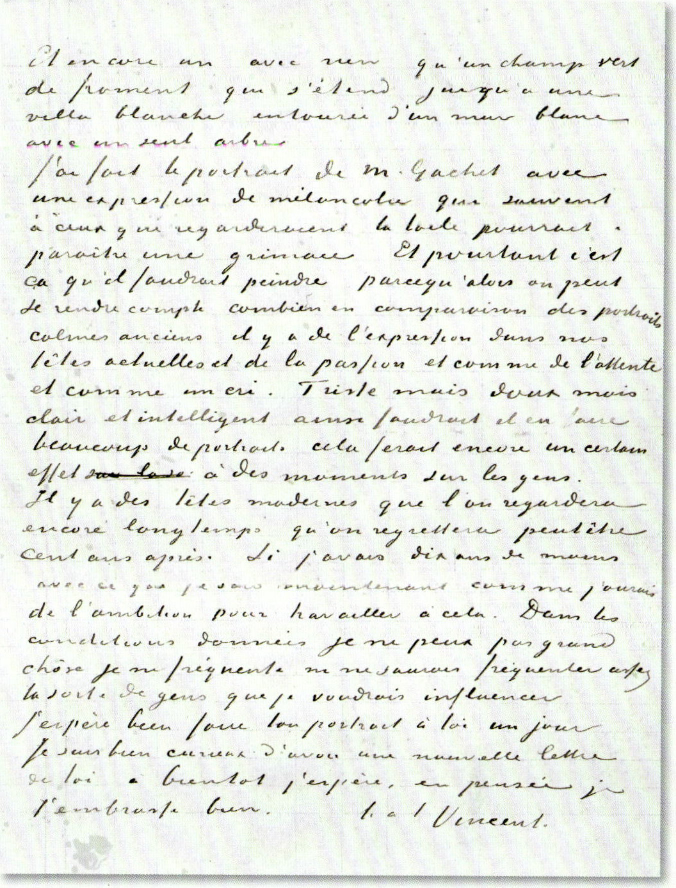
Et encore un avec rien qu'un champ vert de froment qui s'étend jusqu'à une villa blanche entourée d'un mur blanc avec un seul arbre.
J'ai fait le portrait de M. Gachet avec une expression de mélancolie qui souvent à ceux qui regarderaient la toile pourrait paraître une grimace. Et pourtant c'est ça qu'il faudrait peindre parceque alors on peut se rendre compte combien en comparaison des portraits calmes anciens il y a de l'expression dans nos têtes actuelles et de la passion et comme de l'attente et comme un cri. Triste mais doux mais clair et intelligent ainsi faudrait il en faire beaucoup de portraits cela ferait encore un certain effet ~~sur les~~ à des moments sur les gens.
Il y a des têtes modernes que l'on regardera encore longtemps qu'on regrettera peutêtre cent ans après. Si j'avais dix ans de moins avec ce que je sais maintenant comme j'aurais de l'ambition pour travailler à cela. Dans les conditions données je ne peux pas grand chôse je ne fréquente ni ne saurais fréquenter assez la sorte de gens que je voudrais influencer.
J'espère bien faire ton portrait à toi un jour.
Je suis bien curieux d'avoir une nouvelle lettre de toi à bientot j'espère, en pensée je t'embrasse bien. t. à t. Vincent.

我亲爱的妹妹：

在给母亲的信里加几句话给你。

上礼拜六提奥一家来看了我。我现在住得离他们不太远，觉得非常愉快。这几天工作很勤，做起来也很快，我想寻找一种方式来表达现代生活中一切决绝地飞速逝去。昨天我在雨中画了一幅很大的风景画，从高处俯视，田野一直延伸到眼睛看不到的远处，各种绿色植物，一片暗绿的土豆田，成排的植物旁边是肥沃的紫色土地，一边是一片开着白花的豌豆，接着一片粉色花朵的苜蓿和一个割草人的身影，一片长长的成熟了的羊胡子草，小麦，杨树，最后是地平线上一行蓝色的山脉，山脚下正开过一列火车，火车所过之处留下一长串白烟弥漫在绿色的草木上。一条白色的路穿过画面，路上有一辆小车，路边是有着明亮红色屋顶的白房子。细雨在画面上画出一道道青灰色的细线。另一幅风景画，前景是葡萄藤和草地，后面是村舍的屋顶。还有一幅只有一片青青的麦田，延伸到远处一栋白色的别墅，一堵白墙围着别墅和一棵孤零零的树。我还画了一幅加歇医生的肖像，面带忧郁的表情，许多看到画的人可能会觉得在做鬼脸。但我又必须这么画以对比老式肖像画的那种沉静，现代的面孔有表情有激情有耐心，还有一声叫喊。忧伤但温和，清醒且聪明——许多肖像画都该这么画。或许这能给人们留下某种印象。有些现代头像，人们也许会不停地看上很长一段时间，很可能一百年后人们还渴望看到。如果我能回到十年前，并且知道我现在所知道的这一切，我会多么想在这方面努力啊！眼前的情况，我也做不了很多了，因为我接触不到也不知道该怎样接触那些我想要影响的人。我真诚地希望哪天可以为你画像。我多么想再收到一封你的信啊，盼着很快能见到你。在想象中拥抱你。

你的文森特

上图：在这封写给妹妹的信里，凡·高对加歇医生像进行了说明，并且认为肖像画非常重要。

加歇医生

奉行顺势疗法的加歇医生对精神疾病也相当关注。他的诊所开在巴黎，但从 1872 年起就住到了奥维尔。加歇医生热爱艺术，结交了卡米耶·毕沙罗、保罗·塞尚和阿尔芒·基约曼（Armand Guillaumin）等多位印象派画家，并收藏他们的画作。尽管加歇医生似乎并不熟悉凡·高的作品，但他很盼望与凡·高见面，同他探讨艺术。凡·高也很高兴找到这样一位欣赏自己作品的现代绘画爱好者，于是不久他就宣布想画加歇医生的肖像。他画的加歇医生一手托头，是典型的忧郁姿态。加歇面前的桌子上放着两本法国小说作为现代的标志，还有几条毛地黄嫩枝代表加歇的职业。画家解释这幅肖像"面带忧郁的表情，许多看到画的人可能会觉得在做鬼脸"。但他认为这对一幅现代肖像作品来说是必要的，目的就是要表现一种现代感和激情。

《加歇医生像》标志着凡·高肖像画创作的又一高峰。这幅作品的色彩至关重要，画家清晰地表述了他的目标："我希望一个世纪后的人们看到我画的肖像就像看到了一个幽灵。这就是说，我的努力不是为了让肖像画像照片那般逼真，而是……利用我们色彩方面的知识和现代的品味来表达、张扬人物的个性。"凡·高极为满意这幅作品，于是又为加歇画了第二个版本。凡·高还创作过一幅加歇医生像的蚀刻版画，因为加歇有一台印刷机。

保罗-费迪南·加歇

PAUL-FERDINAND GACHET（1828—1909）

出生于法国北部的加歇曾在巴黎和蒙彼利埃（Montpellier）两地学医，以《抑郁症研究》为题完成了博士论文。1859 年他在巴黎开诊所行医，1872 年搬到瓦兹河畔的奥维尔。19 世纪 70 年代初，加歇因为诊治了卡米耶·毕沙罗的幼子而与这位画家相识。通过毕沙罗，加歇接触到了其他印象派画家，从此开始收藏他们的画作，并且收藏颇丰。

对页图：摆着忧郁姿态的加歇医生像。凡·高用了强烈的色彩和夸张的笔触创作，他认为这种画法与现代肖像作品很相配。

上图：阿德琳·拉武肖像。阿德琳·拉武是奥维尔一家旅馆老板的女儿，凡·高来奥维尔后就住在他们那儿。

左图：保罗·塞尚 1872 到 1873 年间来奥维尔时画的加歇医生家的房子。

上图：这两幅肖像的模特是同一个人——阿德琳·拉武。左面这幅以麦田为背景，人物身着白裙，优雅动人；而右面这幅色彩更明亮，笔触更粗放，塑造了一个农家女形象。

加歇的女儿玛格丽特弹钢琴的那幅肖像，可能是凡·高为取悦加歇医生而作。因为加歇是鳏夫，而他那位去世的妻子钢琴弹得很好。《弹钢琴的玛格丽特·加歇》全然一派现代风格，这幅作品凸显了年轻女子的娇柔气质，她粉红色的蓬松裙摆由清晰的笔触画出，在红绿对比色构成的背景中显得格外生动。

凡·高还是一如既往地热衷于肖像画创作。也许是加歇出面，凡·高还得到了画村里其他姑娘和孩童的机会。他画过几幅阿德琳·拉武的肖像，这个姑娘是旅店老板的女儿，凡·高那时就住在他们家的旅店。其中一幅以深蓝色的背景烘托着阿德琳的金发；另外两幅阿德琳肖像虽与这幅很不同，但都能从中看到凡·高很重视颜色组合与对比的效果。一幅用蓝黄二色与粗糙的笔触把阿德琳表现为两颊红扑扑的农家女；另一幅，姑娘穿同一条裙子，但裙子颜色变为轻灵的白色，优雅精致，背景也做了相应调整。凡·高创作这两幅肖像时，他的模特阿德琳可能并没有真正到麦田里去，是画家把自己在其他作品里画过的麦捆挪来做了背景。上述例子表明凡·高作画仍然基于自然，但他已经进入了新的境界，能够自由组合素材，也能够随心所欲调整画法。他已然实现了自己的抱负，成了真正的现代派。

与加歇医生合作版画

保罗·加歇有一台印刷机，在业余时间除了油画外也创作版画。19世纪70年代时他就与毕沙罗和塞尚合作印刷过版画，到了90年代他又提出与凡·高合作。凡·高很高兴有机会尝试新东西，马上开始蚀刻一幅加歇医生的肖像。他试了不同颜色的墨水，也改变了墨水的浓度。提奥看到后称赞这幅作品是“真正画家水准的版画”。

右图：这幅作品画的是加歇医生的女儿玛格丽特在弹钢琴。

多比尼的花园

夏尔-弗朗索瓦·多比尼 CHARLES-FRANÇOIS DAUBIGNY（1817—1878）

多比尼出生于巴黎，自幼跟随父亲学画，后来还师从一位雕刻师。他以风景画闻名，但同时也因制作17世纪荷兰风景画的版画而受人尊敬。19世纪50年代，多比尼在法国各地描绘当地风光，常与卡米耶·科罗（Camille Corot）等艺术家结伴创作。他经常泛舟游于塞纳河、瓦兹河上，探寻可以入画的河景，他在游船上作画的时候发现了奥维尔这个地方。多比尼总是很包容新的理念，作为官方沙龙的评审委员，他曾公开表达对莫奈和毕沙罗两位印象派画家的支持。

夏尔-弗朗索瓦·多比尼也是凡·高崇拜的艺术家之一。刚到奥维尔，凡·高就发现原来多比尼也曾在此定居，1861年的时候多比尼在这里建起了自己的房子，设了画室。1878年多比尼逝世后，他的遗孀仍在奥维尔生活。凡·高联系了多比尼的孀妻，请求她允许自己来画一画多比尼家的花园，以致敬大师。凡·高画过好几个版本的多比尼花园，形成了一套独特的色彩对比方案，以及立体的、触摸可感的笔触。他认为这幅画是“我最用心的作品之一”。画这幅作品，凡·高用了大张的横向画布，这个版式是他来到奥维尔后首次使用的。后来他常用这种大横幅画风景，画里奥维尔周边的田野舒缓地起伏，朝着地平线方向连绵不绝。这样的横幅风景使人想起凡·高素来推重的17世纪荷兰风景画大师，他选用这种版式便是在向故土的风景画传统看齐。而凡·高作品中带有的激进的现代性

上图：这排茅草屋顶的小屋对凡·高而言代表着北方的风景，提醒着他北方故国的存在。

对页上图：《麦田上的鸦群》作于1890年7月。这幅充满戏剧张力的作品显示了凡·高在色彩对比和笔触上的精心安排。

对页下图：凡·高几次描绘多比尼家的花园以向他敬仰的这位大师致敬。图中是他认为几个版本中最成功的一幅。

le jardin de Daub.

名望与影响

凡·高对20世纪艺术的发展影响深远。他强烈的色彩和极富表现力的笔触直接影响了野兽派和表现派，也影响了所有的后来者。此外，凡·高的信件也意义非凡，因为信中记录了大量有关他作品的细节和他本人对于艺术的激情和投入。甚至在1914年，提奥的遗孀乔安娜·凡·高正式发布第一版凡·高通信集以前，许多通信片段就已为艺术家、评论家熟知和重视。而在艺术和艺术史圈以外，凡·高的生平和作品也激起了千层浪，当前与之相关的电影、戏剧、文学和图像可以说数不胜数。

却没有因为与17世纪荷兰风景画的联系而削弱，因为画家总是深思熟虑，精心地设色、构图。例如描绘雨中田野的那幅画，就叫人想到凡·高早前一幅临摹日本版画的作品，二者都用显眼的线条表现雨幕，给作品增加了平面感，非常现代。《麦田上的鸦群》用了很不同的手法，表达了艺术家自身的痛苦和一种大限将至之感。这幅作品常被认作凡·高的遗世之作，20世纪50年代那部由柯克·道格拉斯（Kirk Douglas）和安东尼·奎恩（Anthony Quinn）主演的电影《凡·高传》（*Lust for Life*）里也是如此设定的。事实上，《麦田上的鸦群》之后凡·高还画过好几幅作品，这展现了他艺术上的多样性。

上图：在凡·高的创作生涯里，始终以麦垛作为丰收的标志。此画也是横幅取景，这种版式是他来奥维尔后才启用的，色彩仍是他最爱的蓝黄组合。

住在奥维尔的三个月里，凡·高丝毫没有受到病痛折磨。加歇医生甚至向提奥宣布：凡·高的病已经痊愈。凡·高过着规律的生活，勤奋创作，所获颇丰。虽然如此，日子依然艰难。与弟弟提奥一家住得近，当然称凡·高的心，但他因此也切身体会到了提奥的困境。提奥与雇主之间矛盾重重，因为公司无意涨他的薪酬。而他一人要供养妻儿、哥哥凡·高和远在荷兰的父母一家，经济上实在窘迫。有一阵子提奥甚至考虑过自立门户，而这势必导致财务的不稳定，至少在开业之初是无法避免的。凡·高心里明白，提奥若走这一步也定会影响他的生存。再者，提奥的健康状况也不容乐观。他有麻痹性痴呆的早期症状，这是一种梅毒引起的神经系统疾病，后来1891年1月提奥正是因罹患此病而不治身亡的。1890年夏天凡·高一定已经得知了弟弟的情况，至少知道了一部分。1890年7月27日，凡·高开枪自杀。他做此抉择的原因恐怕与当时的焦虑、对未来的恐惧以及担心旧病复发的不安都有关系。中枪两天后凡·高去世，临终时刻提奥陪在他的身边。凡·高的好多艺术家朋友都赶来奥维尔参加他的葬礼，埃米尔·伯纳德也来了，他向阿尔贝·奥里埃报告了葬礼的细节。

凡·高生前在先锋艺术家圈子里已经越来越出名，而这戏剧性的自杀事件更是加速了他的成名过程。19世纪90年代，法国和国外的几个展览和画廊都已经能看到他的作品，而且频繁达成交易。接下来的10至15年间，凡·高的名气急速发酵，加入顶级大师之列，对20世纪产生了广泛的影响。

上图：凡·高画这场在乡野肆虐的阵雨时，一定想起了自己早年在巴黎时临摹过的一幅日本浮世绘。

上图：黄昏时分的奥维尔城堡，夕阳的金色光线与建筑和树木的冷蓝绿色调形成对比。

账本

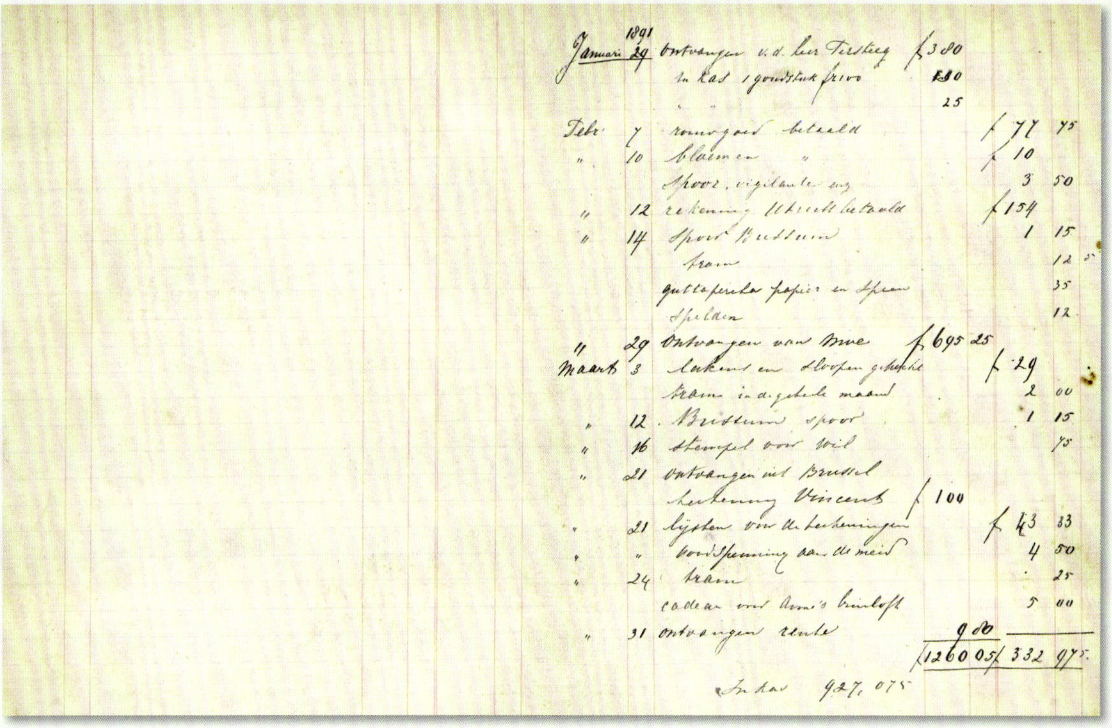

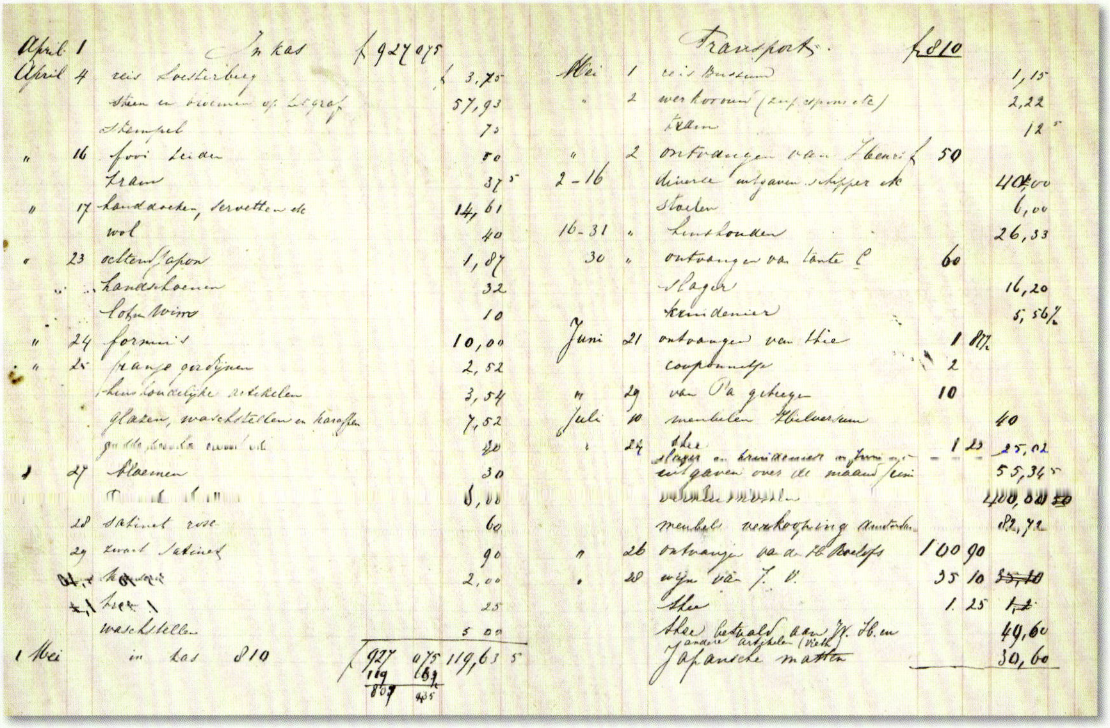

左图：乔安娜·凡·高的账本中的两页，记录着凡·高油画的售卖记录。

凡·高去世后家人发出的讣告

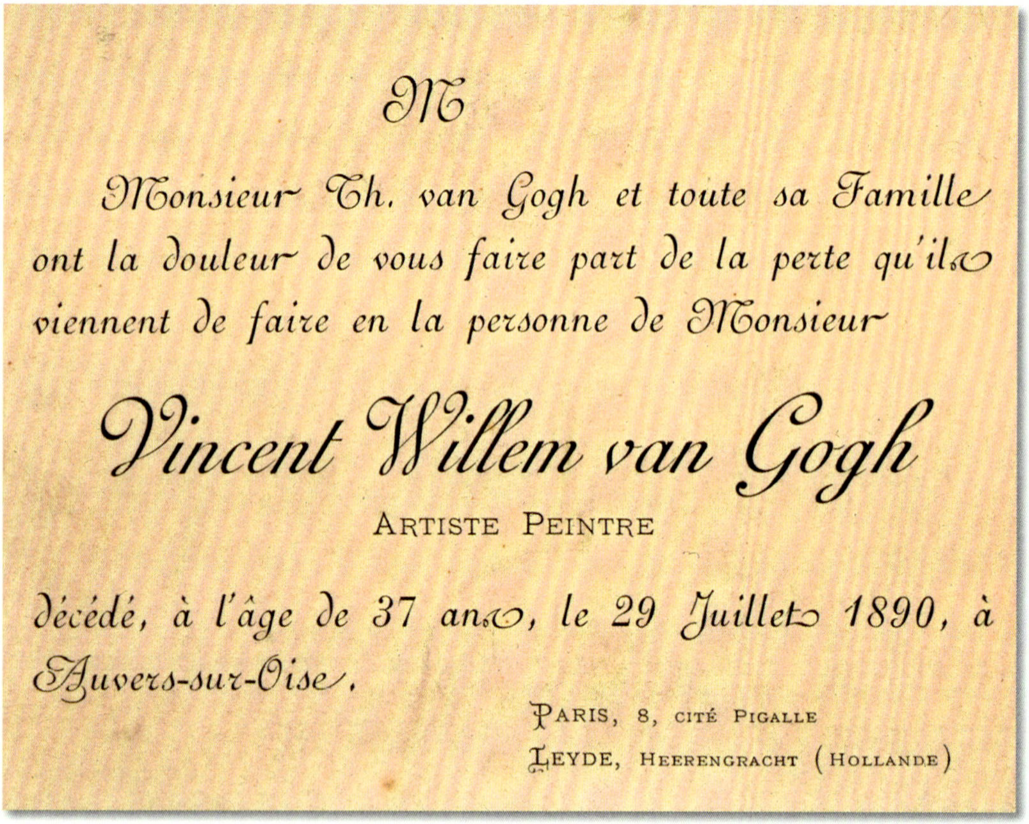

M

Monsieur Th. van Gogh et toute sa Famille
ont la douleur de vous faire part de la perte qu'ils
viennent de faire en la personne de Monsieur

Vincent Willem van Gogh

ARTISTE PEINTRE

décédé, à l'âge de 37 ans, le 29 Juillet 1890, à
Auvers-sur-Oise.

PARIS, 8, CITÉ PIGALLE
LEYDE, HEERENGRACHT (HOLLANDE)

提奥·凡·高先生和家人
遗憾地告知您文森特·威廉·凡·高先生去世了。
文森特·威廉·凡·高
画家
于1890年7月29日在瓦兹河畔的奥维尔逝世，享年37岁。

葬礼邀请函

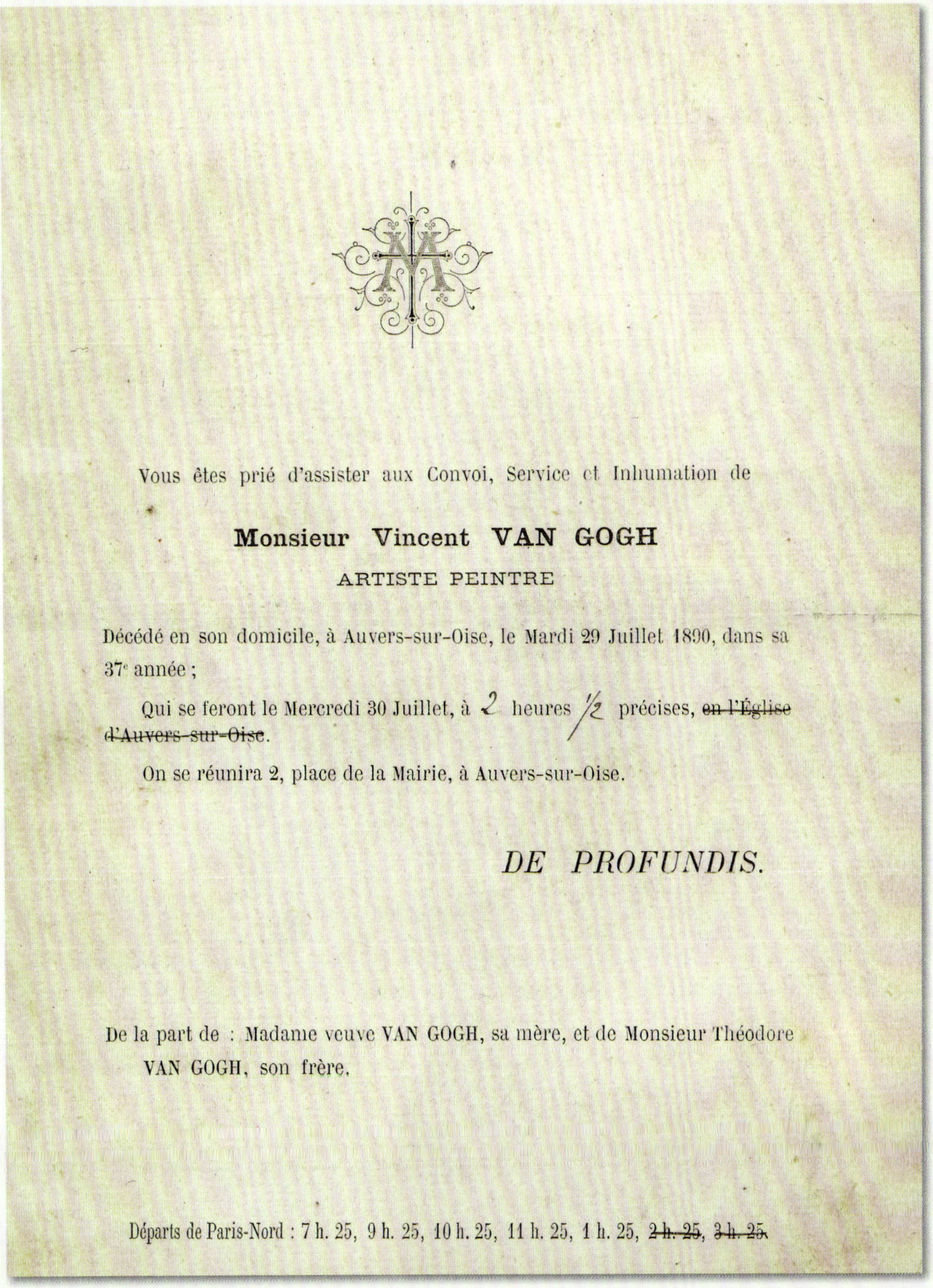

Vous êtes prié d'assister aux Convoi, Service et Inhumation de

Monsieur Vincent VAN GOGH

ARTISTE PEINTRE

Décédé en son domicile, à Auvers-sur-Oise, le Mardi 29 Juillet 1890, dans sa 37e année ;

Qui se feront le Mercredi 30 Juillet, à 2 heures 1/2 précises, ~~en l'Église d'Auvers-sur-Oise~~.

On se réunira 2, place de la Mairie, à Auvers-sur-Oise.

DE PROFUNDIS.

De la part de : Madame veuve VAN GOGH, sa mère, et de Monsieur Théodore VAN GOGH, son frère.

Départs de Paris-Nord : 7 h. 25, 9 h. 25, 10 h. 25, 11 h. 25, 1 h. 25, ~~2 h. 25~~, ~~3 h. 25~~.

敬请光临画家文森特·凡·高先生的葬礼。

凡·高先生于1890年7月29日星期二在瓦兹河畔奥维尔的家中去世，享年37岁；我们将于两点在奥维尔市府广场集合。

谨代表凡·高夫人（逝者的生母）和提奥·凡·高先生（逝者的胞弟）

左图：凡·高于1890年7月逝世的通告。

埃米尔·伯纳德的信

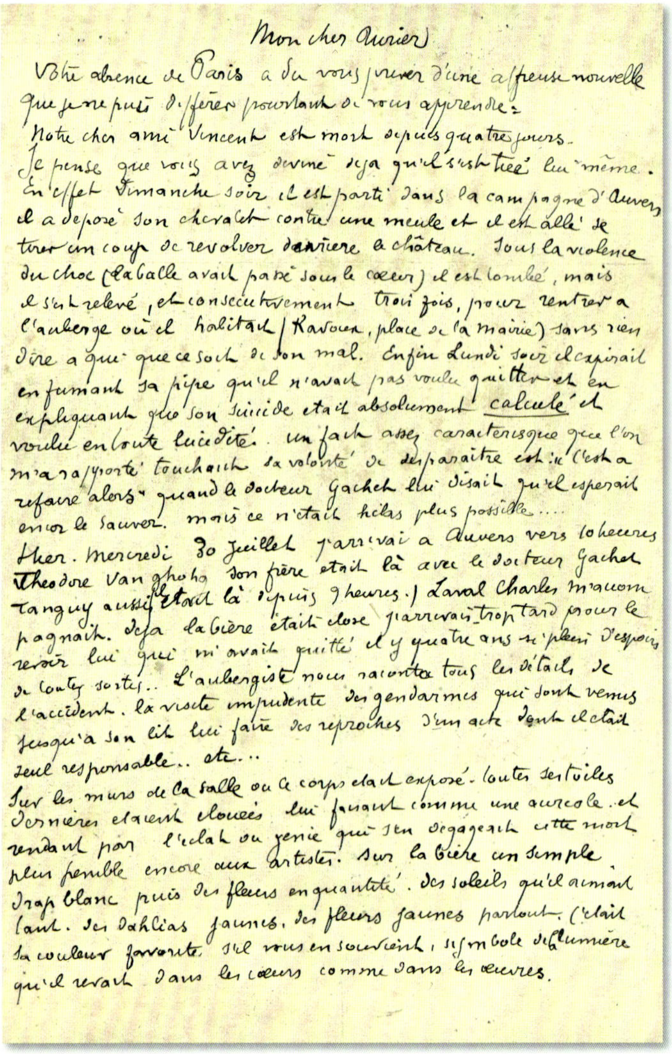

Mon cher Aurier

Votre absence de Paris a dû vous priver d'une affreuse nouvelle que je ne puis différer pourtant de vous apprendre:

Notre cher ami Vincent est mort depuis quatre jours.

Je pense que vous avez deviné déjà qu'il s'est tué lui-même.

En effet Dimanche soir il est parti dans la campagne d'Auvers il a déposé son chevalet contre une meule et il est allé se tirer un coup de revolver derrière le château. Sous la violence du choc (la balle avait passé sous le cœur) il est tombé, mais il s'est relevé, et consécutivement trois fois, pour rentrer à l'auberge où il habitait (Ravoux, place de la Mairie) sans rien dire à qui que ce soit de son mal. Enfin Lundi soir il expirait en fumant sa pipe qu'il n'avait pas voulu quitter et en expliquant que son suicide était absolument calculé et voulu en toute lucidité. Un fait assez caractéristique que l'on m'a rapporté touchant sa volonté de disparaître est: "C'est à refaire alors" quand le docteur Gachet lui disait qu'il espérait encore le sauver. mais ce n'était hélas plus possible....

Hier. Mercredi 30 Juillet j'arrivai à Auvers vers 10 heures Théodore Van Gogh son frère était là avec le docteur Gachet Tanguy aussi (il était là depuis 9 heures.) Laval Charles m'accompagnait. Déjà la bière était close j'arrivais trop tard pour le revoir lui qui m'avait quitté il y a quatre ans si plein d'espoirs de toutes sortes. L'aubergiste nous raconta tous les détails de l'accident. la visite impudente des gendarmes qui sont venus jusqu'à son lit lui faire des reproches d'un acte dont il était seul responsable.. etc...

Sur les murs de la salle où le corps était exposé toutes ses toiles dernières étaient clouées lui faisant comme une auréole et rendant par l'éclat du génie qui s'en dégageait cette mort plus pénible encore aux artistes. Sur la bière un simple drap blanc puis des fleurs en quantité. des soleils qu'il aimait tant. des dahlias jaunes. des fleurs jaunes partout. C'était sa couleur favorite. s'il vous en souvient, symbole de la lumière qu'il rêvait dans les cœurs comme dans les œuvres.

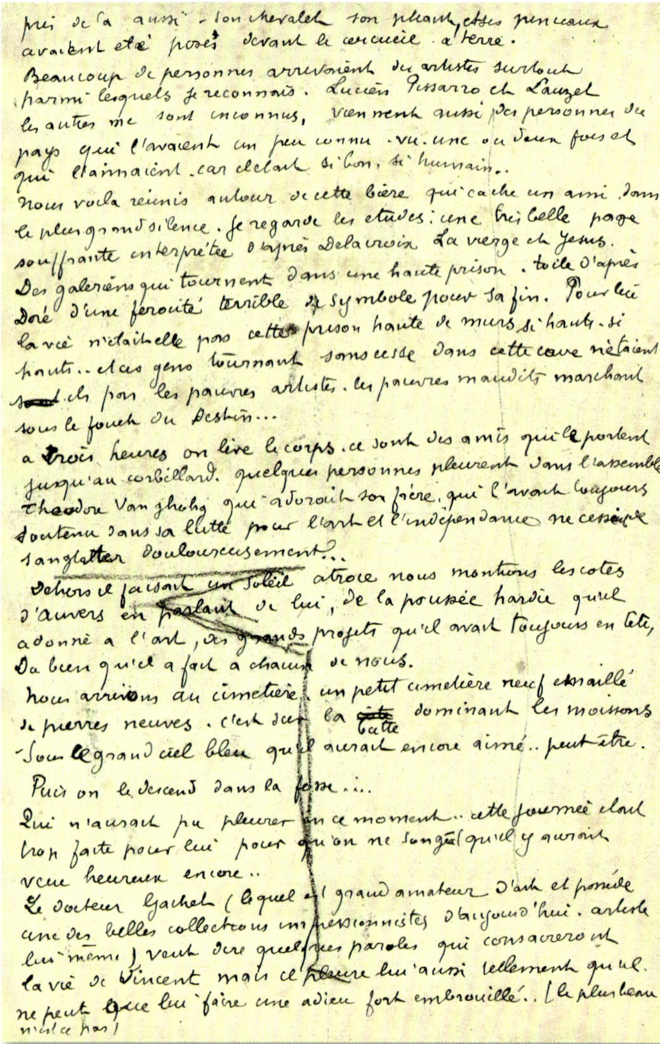

près de là aussi - son chevalet son pliant, et ses pinceaux avaient été posés devant le cercueil à terre.

Beaucoup de personnes arrivaient, des artistes surtout parmi lesquels je reconnais Lucien Pissarro et Lauzet les autres me sont inconnus, viennent aussi des personnes du pays qui l'avaient un peu connu. vu une ou deux fois et qui l'aimaient. car il était si bon, si humain..

Nous voilà réunis autour de cette bière qui cache un ami dans le plus grand silence. je regarde les études: une très belle page souffrante interprétée d'après Delacroix La Vierge et Jésus.

Des galériens qui tournent dans une haute prison. toile d'après Doré d'une férocité terrible et symbole pour sa fin. Pour lui la vie n'était-elle pas cette prison haute de murs si hauts. si hauts.. et ces gens tournant sans cesse dans cette cave n'étaient-ils pas les pauvres artistes. les pauvres maudits marchant sous le fouet du Destin...

A trois heures on lève le corps. ce sont des amis qui le portent jusqu'au corbillard. quelques personnes pleurent dans l'assemblée Théodore Van Gogh qui adorait son frère, qui l'avait toujours soutenu dans sa lutte pour l'art et l'indépendance ne cesse de sangloter douloureusement...

Dehors il faisait un soleil atroce nous montons les côtes d'Auvers en parlant de lui, de la poussée hardie qu'il a donné à l'art, des grands projets qu'il avait toujours en tête, du bien qu'il a fait à chacun de nous.

Nous arrivons au cimetière. un petit cimetière neuf essaillé de pierres neuves. C'est sur la butte dominant les moissons sous le grand ciel bleu qu'il aurait encore aimé.. peut-être.

Puis on le descend dans la fosse....

Qui n'aurait pu pleurer en ce moment.. cette journée était trop faite pour lui pour qu'on ne songeât qu'il y aurait vécu heureux encore..

Le docteur Gachet (lequel est grand amateur d'art et possède une des belles collections impressionnistes d'aujourd'hui. artiste lui-même) veut dire quelques paroles qui consacreront la vie de Vincent mais il pleure lui aussi tellement qu'il ne peut que lui faire un adieu fort embrouillé.. (le plus beau n'est-ce pas)

亲爱的奥里埃：

你既然不在巴黎就一定还没听说这个可怕的消息，但我有义务立即告诉你：

我们亲爱的朋友文森特四天前去世了。我想你已经猜到他是自杀的。礼拜天晚上他出门，到了奥维尔的田间，把画架靠着干草垛放好，在一座城堡后用左轮手枪对自己开了一枪。因为冲击力（子弹从心脏下方射过）跌倒了，但又爬了起来。在他回到住的那家旅馆（拉武旅馆，市府广场）前，路上又跌倒爬起了三次，枪伤的事他谁也没告诉。他最终死在礼拜一晚上，临终前还在抽他那个烟斗，怎么也不肯放下，这说明他完全是存心自杀的，他开枪时头脑绝对清醒。他们告诉我一件事，明显看得出来文森特寻死的意愿。加歇医生对文森特说还想把他的命救回来，文森特却答："那我就还得再自杀一遍。"但是，哎，已经救不回了……

昨天，7月30日礼拜三，大约10点钟的时候我到了奥维尔。他的兄弟提奥·凡·高和加歇医生都在。还有唐吉（他9点到了后一直在那儿）。查尔斯·拉瓦尔陪着我。棺材已经盖上了，我没赶上看他最后一眼，这个四年前离开我时满怀各种期盼的人……旅店老板把事情经过详细地告诉了我们。事后几个宪兵甚至无礼地冲到文森特床边斥责他……

停放遗体的房间，墙上挂出了他生前最后的那些画作，油画的色彩产

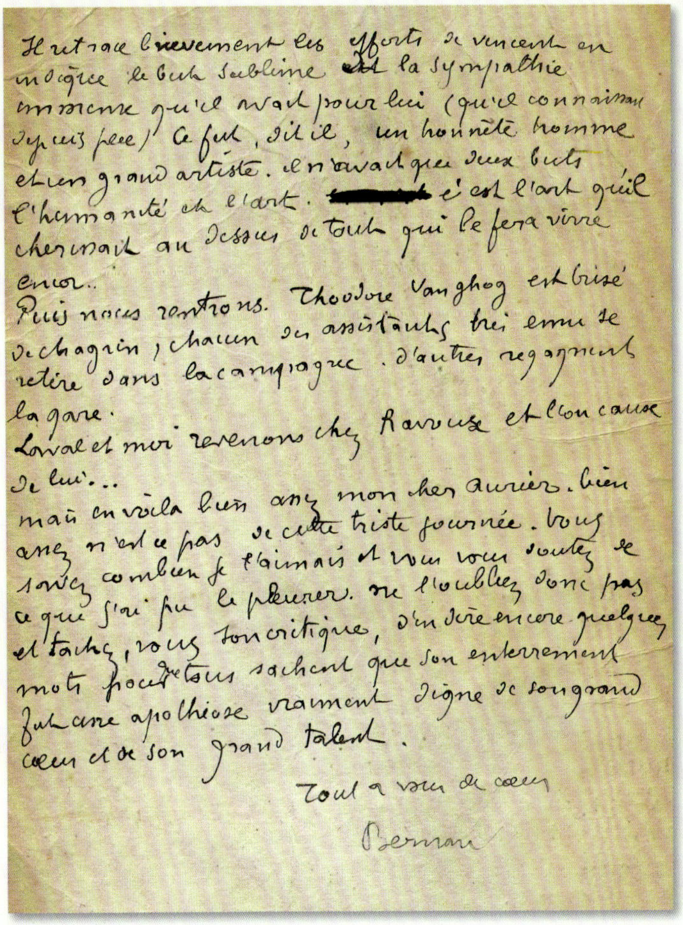

Il retrace brièvement les efforts de Vincent en
indiquant le but sublime et la sympathie
immense qu'il avait pour lui (qu'il connaissait
depuis peu). Ce fut, dit-il, un honnête homme
et un grand artiste. il n'avait que deux buts
l'humanité et l'art. [redacted] c'est l'art qu'il
chérissait au dessus de tout qui le fera vivre
encor..
Puis nous rentrons. Théodore Van Gogh est brisé
de chagrin; chacun des assistants très ému se
retire dans la campagne. d'autres regagnent
la gare.
Laval et moi revenons chez Ravoux et l'on cause
de lui...
mais en voilà bien assez mon cher Aurier. bien
assez n'est-ce pas de cette triste journée. vous
savez combien je l'aimais et vous vous doutez de
ce que j'ai pu le pleurer. ne l'oubliez donc pas
et tâchez, vous son critique, d'en dire encore quelques
mots pour que tous sachent que son enterrement
fut une apothéose vraiment digne de son grand
cœur et de son grand talent.

Tout à vous de cœur

Bernard

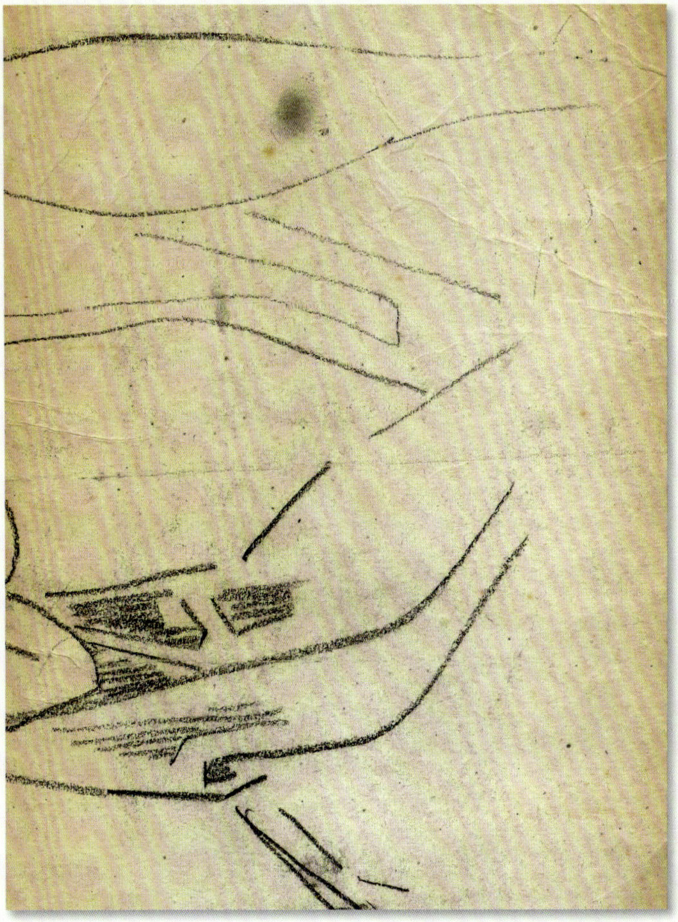

生了一圈光晕将他包围，而作品放射出的天才的光芒令我们这些艺术家越发为凡·高之死感到痛苦。棺材上只罩了一块简单的白布，堆放着大量鲜花，他热爱的向日葵，黄色大丽花，到处是各种黄色的花朵。这是他最爱的颜色，你一定记得，他认为这是人们心里的也是他自己作品中光的象征。他的画架旁边，一张折叠凳和画刷放在前面的地板上。

来了很多人，主要是艺术家，我认出了吕西安·毕沙罗和洛泽，其他人我不认识，还有一些当地人。我了解他不多，虽只有一两次照面却喜欢他，因为他是这样好心、通人情……我们围绕着这个躺着我们朋友的棺材，沉默不语。我看了那些习作，仿德拉克洛瓦圣母和耶稣的那幅画作美而忧伤。围成一圈绕着监狱的高墙行走的罪犯，这幅受多雷启发的作品有一种可怕的残忍，也是他生命尽头的象征。人生了他不就是如此吗，一座监狱，砌着那么高那么尖的墙，那些在这个洞穴里无休止行走的人不就是困窘的艺术家吗，这些受尽命运鞭打的、可怜的、被诅咒了的灵魂……下午三点，他的朋友们把遗体抬上灵车，很多人都带着泪。提奥·凡·高可怜地啜泣着，他始终在为文森特奉献，支持他、接济他，令他能专心创作……外面的日头热辣。我们一边爬上奥维尔镇外的山丘，一边谈论着他，谈他对于艺术的大胆推进，他心中常怀的那些远大计划，以及他对每个人的好。

我们来到公墓，这座新墓地规模不大，散布着新竖起的墓碑。公墓坐落在一个小山头上，上面是广阔的蓝天，下面是丰收的田野，这风景他一定还会喜欢的……在那样的时刻，任谁都忍不住流泪……这真是属于他的一天，我们不禁去想他还活着，在享受这一天……加歇医生（热爱艺术，他的印象派油画藏品是目前最好的收藏之一，他本人也是艺术家）想致悼词追念文森特和他的一生，但他也哭得难以自持，只断断续续地含糊地道了个别……（这是最好的道别，不是吗？）加歇医生简单回顾了文森特的艺术成就和崇高的目标，以及他自己对文森特深刻的同情（尽管他认识文森特的时间还不长）。加歇医生说他是一个诚实的人，一个伟大的艺术家，他只有两个目标，人道和艺术。他视艺术高于一切，艺术也将使他的名字不朽。

然后我们就回来了。提奥·凡·高悲伤难抑，出席葬礼的人们都深受感动，有些走进了田间，另一些人去了车站。拉瓦尔和我回到拉武旅馆，我们又谈起了他……但这么悲伤的一日到此就足够了，我亲爱的奥里埃，足够了，你不觉得吗。你知道我是多么爱他，你可以想象我哭得多么厉害。别忘了他，你评论他的艺术，但也请写写他的葬礼，好让每个人都知道这场葬礼配得上他伟大的心灵和巨大的才华。

我最诚挚的祝福

伯纳德

对页图和上图：这封写给艺评家奥里埃的信里，埃米尔·伯纳德记述了凡·高的葬礼。

附录

科妮莉亚・洪堡（Cornelia Homburg）
安娜・科妮莉亚・卡本特斯（Anna Cornelia Carbentus）
特奥多鲁斯・凡・高（Theodorus van Gogh）
文森特・凡・高（Vincent van Gogh）
托马斯・斯莱德-琼斯牧师（Reverend Thomas Slade-Jones）
乔治・亨利・鲍顿（George Henry Boughton）
德・尼蒂斯（de Nittis）
默尼耶（C.Meunier）
提奥・凡高（Theo van Gogh）
让・弗朗索瓦・米勒（Jean-Francois Millet）
查尔斯・巴尔格（Charles Bargue）
安东・凡・拉帕德（Anton van Rappard）
安东・莫夫（Anton Mauve）
西恩・霍里克（Sean Hoornik）
赫科默（Hubert von Herkomer ）
法尔兹（Luke Fildes）
霍尔（Frank Holl）
科内利斯・凡・高（Cornelis Marinns van Gogh）
迈因德特・霍贝玛（Meindert Hobbema）
托雷-比尔格（Thoré-Bürger ）
朱尔・布雷顿（Jules Breton）
让-弗朗索瓦・米勒（Jean-Francois Millet）
约瑟夫・伊斯拉埃尔斯（Jozef Israëls ）
费尔南德・科尔蒙（Fernand Cormon）
埃米尔・伯纳德（Emile Bernard）
路易・安克坦（Louis Anquetin）
乔治・修拉（Georges Seurat）
欧仁・德拉克洛瓦（Eugène Delacroix）
卡米耶・毕沙罗（Camille Pissarro）
保罗・西涅克（Paul Signac）
约翰・彼得・罗素（John Peter Russell）
亨利・德・图卢兹-劳特累克（Henri de Toulouse- Lautrec）
朱利安・唐吉（“唐吉老爹”）（Julien Père Tanguy）
亚历山大・里德（Alexander Reid）
西格弗里德・宾（Siegfried Bing）
阿道夫・蒙蒂塞利（Adolphe Monticelli）
杜米埃（Honoré Daumier）
佩兴斯・埃斯卡利耶（Patience Escalier）
伦勃朗・哈尔曼松・凡・莱因（Rembrandt Harmensz van Rijn）
欧仁・博赫（Eugène Boch）
查尔斯・拉瓦尔（Charles Laval）
莱昂・博纳（Léon Bonnat）
保罗・高更（Paul Gauguin）
弗雷德里克・凡・埃登（Frederik van Eeden）
皮埃尔・洛蒂（Pierre Loti）
埃米尔・左拉（Emile Zola）
阿尔贝・奥里埃（Albert Aurier）
吕西安・毕沙罗（ Lucien Pissarro ）
夏尔- 弗朗索瓦・多比尼（Charles-François Daubigny)
阿尔芒・基约曼（Armand Guillaumin）
保罗-费迪南・加歇（Paul-Ferdinand Gachet）
柯克・道格拉斯（Kirk Douglas）
安东尼・奎恩（Anthony Quinn）
卡米耶・柯罗（Camille Corot）